JN282025

なぜ中国人は日本人にケンカを売るのか

孔　健

講談社+α文庫

文庫版まえがき

日中同文同根の文化？

「日本人は永遠に中国人を理解できない」

「中国人も永遠に日本人を理解できない」

中国人は、自分たちは優秀な民族だから、中国は世界の中心で、一つの国というより、一つの文明なのだと考える。乱世興亡の五〇〇〇年の歴史の中で、中国人の世界観、文明観は一朝一夕に変わるとは思えない。

日本人は、このことを、どれほど理解しているだろうか。むしろ、日本独自の世界観、倫理観によって、自己流の枠の中に規制して、分析しようとしているように見受けられる。このような姿勢だと、中国が世界に類のない特異で不思議な国、容易に解けない「謎」の国と見えてしまうのも致し方ないことだ。

中国と日本の関係を、よく一衣帯水という。『広辞苑』によれば、「一衣帯水」とは、「帯のように細い水によって隔《へだ》てられ、近接していることをいう」とある。つまり、中日両国は、東シナ海という狭い海を通じて非常に近い関係を持っているということだ。この言葉に中国人は別の意を加えている。すなわち、中国は衣、日本は帯、主体はあくまでも衣であり、帯はそれを補完するものだという考えだ。

中国と日本の関係で、中国人は、遣隋使《けんずいし》・遣唐使《けんとうし》をよく想起する。一衣帯水といっても、当時の幼稚な航海術では東シナ海渡航は何ヵ月もかかる難行苦行の行程だった。日本人はその目的を果たすまで、困難に屈せず中国を訪問した。中国でいう「朝《ちょう》貢《こう》」で、朝貢とは、文明が遅れた国々の君主が、大「中国」に使いを送って、恭順の意を表すことだ。

当時、日本が中国に朝貢した目的は、日本よりはるかに進んだ中国の文化の摂取、導入のためでもあった。日本人は、中国文化を吸収することで、現在の日本文化の基礎を築き上げたのだ。

このように、中日双方の努力によって、隋・唐時代に日本の文化は急速に高められたのだった。典型的なものに文字がある。日本の文字は漢字はもちろんのこと、ひらがなもカタカナも、中国の文字から始まっている。中国人の目から見ると、日本文化は中国の文化と同根で、その支流と見なされているのだ。

中国のライバルはどの国か

中国の言葉で世界の人々との関係を示す言葉では、日中関係を「一衣帯水」と言う以外に、香港・マカオ・台湾の中国人は「港澳台同胞」と呼ばれる。政治体制は違っても同じ中華同胞という意味だ。東南アジアの華僑は「新馬印華人」と呼ばれる。この場合の「新」はシンガポール、「馬」はマレーシアで、「印」はインドネシアだ。「新馬印」によって、広く東南アジアを表している。

かつての東欧やアフリカの社会主義国は、「兄弟国家」と呼ばれていたが、いま、「キューバ」だけが残っている。

一九世紀の後半に中国を侵略して、中国人を苦しめた欧州諸国は「英法徳帝国」「欧州列強国」と呼ばれ、「列強国」は、一時、中国を半植民地として支配するほどの力を持っていたが、今はEUとして集団で存在感を保っている。

かつて、中国はソ連と社会主義同志として格別な関係を持った時代があるが、今日の中国・ロシアの関係は次のごとく表現されている。「俄熊」といって、「俄」はロシアで、大きな熊と同じように怖い存在であることを表している。

これに対し、太平洋を隔てて向かい合うアメリカは次のように表現する。「獅虎相峙」で、中国が「獅子」、アメリカが「虎」だ。獅子と虎の間に優劣はつけがたい。世界各国の中で、アメリカだけが中国と対峙する力を持つ国と位置づけられている。

日本はいいケンカの相手

近代になって、中国と日本は不幸な関係を持つようになった。戦争を経験し、第二次世界大戦後の冷戦時代を経て、現在の経済大国に至る日本の歩みに対して、中国人は不思議なエネルギーを感じてきた。

中国人には五〇〇〇年の伝統を持つ「中華思想」があるし、日本人には、かつては「大和 魂《やまとだましい》」があり、現在では経済大国の矜持《きょうじ》がある。だから、相手の優秀さを、おおっぴらに評価することは、ライバルへの対抗上、簡単にはできないのだ。したがって、表では、にこやかに両国の友好と繁栄を祈りながら、政治と経済のケンカを繰り返している。

中国人は「日本人は歴史認識の欠缺《けんけつ》者」「利己的経済動物」と評する。逆に日本人は、「中国人はズルイ」「社会主義市場経済はインチキだ」と断定する。

しかし、誤解を恐れず、ズバリ言わせてもらおう。本当は、腹の中で、日本人は「中国人にはかなわない」と考え、逆に中国人は「日本人にはかなわない」と考え、お互いに評価し合っているのではないだろうか。

日本人は腹の中で中国人を恐れているし、知ったかぶりの「相互理解」が最も危険だと思う。私に言わせれば、「漢字」を使っているから二つの民族は親しいし近いと思ったら大間違いで、逆に中国人からの見方としては、ケンカすればするほど多少の理解もできるし、仲もよくなるかもしれない。両国の国民同士が摩擦を通して相互理解を深めることが大切だと思われる。日本人も、中国人の国民性や考え方などをよくつかみ、人情の機微《きび》に通じ、民間外交家としての腕を持つことも必要だろう。「敵を知り己を知れば百戦危うからず」

なお、本書を出版するにあたり、講談社生活文化局の村井浩部長、武田淳平氏、小松哲史氏など、多くの方々にご協力をいただいた。心から御礼を申し上げる。

平成二〇年二月　中国春節にて

孔《こう》健《けん》

◉目次

第一章　セックスからはじまる非難合戦
——中国人「鬼嫁」vs.日本人「色狼《シエンラン》」

第二章　靖国論争の根底にある死生観の違い
——墓をあばいてでも報復vs.死んだらみな善人

第三章　若者たちの過激な〝愛国論議〟
——強気の中国人vs.弱気の日本人

第四章　オリンピックに命をかける中国人
――メダル大国中国vs.スポーツ施設大国日本

第六章　追いつき追い越すためにはなんでもする
――公害・偽物大国vs.環境・経済大国

第七章　中国の一党独裁は遠からず崩壊する
――独裁大国vs.自由小国

第八章　ケンカするほど相手が見えてくる
――二〇〇〇年の交流史から何を学ぶか

なぜ中国人は日本人にケンカを売るのか

プロローグ──「日本とは戦争だ!」と六歳の子どもが叫ぶ

中国で殴られた私の息子

日本と中国の関係が、さまざまな面で悪化している。

それも、外交関係の悪化というような、国と国とのレベルだけでなく、庶民生活という日常レベルにまで事態は悪くなっているのだ。

これは、かなり危機的な状態といわざるをえないだろう。

まず最初に、私の個人的な体験談から話そう。

二〇〇六年二月、旧正月を祝うために、私は家族をつれて、中国での住居がある山《さん》東《とう》省の青島《チンタオ》市に里帰りをした。

その間、列車で五時間ばかりの済南《さいなん》の街へ遊びに行ったときのことである。

当時、五歳だった私の息子が、帰りの列車の中で、中国人の子どもに殴られたのだ。

　車内で、私の息子と、同じ年頃の子ども二〜三人が、おもちゃの機関銃を手に、通路で戦争ごっこをはじめた。私にも、子どもの頃、戦争ごっこに夢中になった思い出がある。

（昔も今も変わらないな）と思っていたら、やがて息子が「殴られた」と私のところへやってきた。

「どうした？」

「日本語をしゃべったら、お前、日本鬼子《リーベンクイズ》だなといわれ、いきなり、殴られた」

　と息子は泣きじゃくりながら訴える。

　息子は私と中国人の妻との子どもだから、純粋の中国人で中国語をしゃべる。しかし長い間、日本の保育園に通っているので、日本語も上手である。遊んでいるうちに、つい「バン、バン」などと日本語が出てしまったのだろう。それで、相手の子どもたちから、「こいつ、日本人だ！」といじめられたのだ。

　私は、殴った張本人と思われる六歳ぐらいの子どものところへ行って聞いてみた。

「なぜ私の息子を殴ったんだ？」

「こいつ日本人だ。日本人は悪い」と殴った子が答えた。

それで、私が「日本人がどうして悪い？」とたずねると、

「小日本《シャオリーベン》と小泉《シャオチエン》が一番悪い。機関銃で殺してやる。日本とは戦争だ！」

と言い切るではないか。

私はびっくりした。相手はまだ小学校にあがるかあがらないかの子である。それが、日本の小泉純一郎《こいずみじゅんいちろう》元首相を憎んでいる。親の影響だろうが、ここまで対日感情は悪化しているのだ。

日本人に対する、冷えきった感情を示すエピソードを、もうひとつ紹介しよう。

私は在日二三年で、日本人の友人も多く、「親日派」中国人といわれている。その私でさえも、この時は、ひやりとした。

帰りに青島空港で、ゲートへの入場待ちをしていた時のことである。中国の空港サービスの悪さは有名だが、その日も私は長い列に並んで順番を待っていた。

そこへ日本人の一行三〜四人がやってきた。見ると知り合いの某社の社長である。

「やあ、孔健《こうけん》さん」と親しげにあいさつされた。

私は気をきかせて、私の前に並んでもらおうと、

「日本人の友人です。すいませんが、列に入れてくれませんか」

と後ろに並ぶ中国人に声をかけた。

すると、その中国人は、

「日本人？　どうして日本人が中国の友人なんだ。駄目だ」

と冷たく拒否した。

私は日本人社長に、「便宜《べんぎ》をはかれず、すいません」とあやまった。

社長は笑って「いいよ、いいよ」と後ろに並んでくれた。

数年前と大違いである。数年前なら、こうした申し出に「日本のお客さん。いいよ、いいよ、どうぞ」と文句なく割り込みを認めてくれたのである。

いずれも二〇〇六年の出来事だ。日本人に対する中国の雰囲気《ふんいき》が、完全に冷えきっていたことがおわかりだろう。

テレビ番組で総攻撃された「親日派」の私

日本と中国の関係が激化するのにともない、私のテレビ出演の機会もずいぶんと多くなった。

二〇〇六年の前半だけで、テレビには四度、出演したが、そのたびに、中国および中国人に対する痛烈な批判や攻撃を浴びせかけられた。

いいかげんウンザリしないでもないのだが、日本人の疑問にできるだけ率直に答えたいということや、同胞の中国人の気持ちを少しでも代弁したいと思い、なるべく出演するようにしている。

二〇〇六年三月には、テレビ朝日『ビートたけしのTVタックル——中国脅威論《きょういろん》2006』に出演した。出演者は司会のビートたけし、阿川佐和子《あがわさわこ》、大竹《おおたけ》まこと、ゲストは、政治評論家の三宅久之《みやけひさゆき》、コラムニストの勝谷誠彦《かつやまさひこ》、国会議員の舛添要一《ますぞえよういち》、ジャーナリストの高野孟《たかのはじめ》の各氏であった。

ここで私にぶつけられた意見は、おおよそ、次のようなものであった。

「中国は、常時、何十発もの核ミサイルを日本に向けている。これ以上の軍事的脅威はあろうか。それに比べ日本は、過去六〇年間も戦争をやっていないし、武器も輸出していない。そんな平和国家の日本だから、中国への脅威などあるはずがない」

「チベットへの侵攻、カンボジアのポル・ポト派への中国製地雷の供与など、人権抑圧や大量虐殺に中国は深く関係していながら、まったく反省していない」
「中国にあるのは共産党の独裁だけで、民主主義のかけらもない。民度がきわめて低い。そんな国にあれやこれや言う権利はないし、言われたくない」
「中国は、子どものときから反日教育で、日本に対する憎しみを煽《あお》っている。すべては中国共産党と政府が悪い。中国の大衆は、彼らに踊らされているだけ」

もちろん私も、『たけしのTVタックル』がどういう番組かは知っている。おもしろさを狙《ねら》うエンターテインメント討論番組だから、すべてに文句をつけるつもりもない。放送収録前に、番組の制作スタッフが「孔健さん、なんでもいいから主張して。強くよくしゃべるプロの日本人ゲストばかりだから、相手の発言をさえぎってでも、強く言わないと、出番がなくなるよ」とアドバイスしてくれたほどである。

そのことは覚悟していたが、これほどまでに、中国をののしるのには、あいた口がふさがらなかった。

もうひとつ紹介しよう。二〇〇一年三月、日曜日の朝に放送されたフジテレビの『報道2001――中国が大変だスペシャル』だ。ゲストは、二階俊博《にかいとしひろ》元経済産業大臣、国会議員の加藤紘一《かとうこういち》や高市早苗《たかいちさなえ》などの各氏であった。

出演交渉にきた制作スタッフが、「うちの番組は『TVタックル』のように〝反中〟ではないから、もっと自由に発言できますよ」と言ってきたのを覚えている。

たしかに、『TVタックル』よりは穏《おだ》やかな言い方が多かったが、強烈な反中国キャンペーンが展開されたのは同じであった。

いわく、

「中国の軍事費は年々二桁《けた》の伸びで増加している。それが一八年間も続いている。これは異常ではないか。脅威と言わずしてなんと言えよう」

「中国人はなんでもかんでもまねて偽物をつくりだす。泥棒的天才。偽コピーの二〇〇一年の被害総額は九兆円以上（売上高ベース）。これはひどすぎる」

「吉林《きつりん》省の化学工場の爆発により流出したニトロベンゼンが日本近海に流れ出す。巨大クラゲの大量発生も中国の工場排水や糞尿《ふんにょう》の垂れ流しのせい。目にあまる！」

「中国は取り締まりの法律をつくったというが、年一度しか取り締まらないなど、抜け穴だらけ。これでは、とても法治《ほうち》国家とはいえない」

等々である。

私は中国政府や共産党の代弁者ではない。あくまでも民間人なのだが、そんなことには知らん顔で、熱狂的〝中国バッシング〟をあびせてくれた。

一〇年前、日本はこんなにピリピリしていなかった

では、テレビ出演で非難され、こりごりしたかというと、そうでもない。

中国人は打たれ強い。

「いやあ、たいへんでしたよ」と親しい日本人には言ったものの、心の奥底では、別のことを考えていたのである。

じつは、「(ああ中国もやっとここまで来たか)」という感慨にひたっていたのである。ひと昔前まで、中国は、日本と比べられないぐらい、貧しく弱かった。それが、今や、日本人にケンカを売るぐらい強くなっているのだな、と実感していたのだ。

中国がこれだけ強くなったことは、中国人にとって、率直な喜びなのである。

今から二三年前のことを思い出す。一九八五年二月二五日、私は成田空港に降り立った。その頃の中国は、日本と比べようもないほど貧しかった。私の財布には、一万円しか入っていなかった。誰も知らない異国の地に来たのに、これが全財産なのだ。

「(これで何日間暮らせるだろうか?)」と不安で仕方なかった。

着ているものは粗末な人民服。当時、背広を着る人がようやく一部に出てきたが、中国国内では、ほとんどの人が人民服。北京にも外国人用のホテルはほんの数軒しかなかった。そんな時だから、留学生がぜいたくできるはずがない。

当時、日本でまず感じたのは「(この国は、お金があればなんでもできる国。でも、お金がないと、飢え死にしかねない国)」ということだった。当時、中国は貧しかったが、お金がなくても、誰かがマントウ(饅頭)を分けてくれるような、思いやりに満ちた国だった(今では、ぜんぜん違うが)。

私の受け入れ先は留学生協会だった。協会がアパートを探してくれ、家賃を払い、それとは別に、食事代として月に五万円くれた。最初の頃は言葉も不自由で、アルバイトもできなかったので、その五万円だけですべてやりくりした。そのお金で、小さな菓子パンのようなものを買い、食べるものを節約した。

二〇年前とはいえ月五万円は苦しい。毎日、卵があと何個残っているかなどと考えながらの自炊生活で、外食はほとんどできない。六畳二部屋に六人の共同生活。同居人の食料を勝手に食べたり使ったりして、すきっ腹を満たした。

でも、貧乏なりに楽しかった。同居の中国人同胞とは苦労を分かち合い、また、私たちに同情してくれる、やさしい日本の友人もできた。

やがて数年たち、私が孔子《こうし》の直系子孫と知れると、多くの日本人が尊敬の目で見てくれるようになった。私の話を聞きたいという人も増えてきた。それで、全国を飛び回り、わが先祖孔子の話をする講演会活動などを行なった。孔子や『論語』に関する本も出した。

そのおかげだろう。一九九七年に、はじめてテレビに呼ばれた。

中国がフランスと共に原爆実験をした翌年であり、当時の中国の最高指導者であった鄧小平《とうしょうへい》が亡くなった頃であった。テレビ朝日の、徹夜で討論する『朝まで生テレビ』で「鄧小平亡き後、中国は崩壊するのか?」がテーマだったように記憶している。

当時、中国問題の権威である中嶋嶺雄《なかじまみねお》元東京外語大教授の本がよく売れていた。氏は「中国は絶対に崩壊する」と主張していた。私は、「絶対にそんなことはありえない」と反論し、日本人論客から総スカンを食らったのを覚えている。

しかし、その頃の日本人の批判は、まだ余裕があった。中国が核実験といっても

「ヘエー、中国も原爆実験できるの」という程度で、中国脅威などと非難する人はいなかった。批判的というよりも、どちらかといえば心配し、中国は貧しいのだから、そちらに資金を向けるべきなどと、中国人に同情してくれていたのである。

経済先進国として、発展途上国の中国に対して「まあ、しっかり追いかけてきなさい」という感じであった。

ところが、それから一〇年の今、日本人には余裕がない。

同情どころか、中国経済の発展、軍事力の増強、中国の脅威に、日本人の危機意識のボルテージは高くなるばかり。

私が聞くのも「中国はなぜこんなに強くなったのか?」という日本人の声ばかり。だから中国人はこういう声を聞くと、「(そうか、中国も強くなったんだ。夢にも思っていなかった〝大国〟中国が、今実現しつつあるのだ)」と、幸せな気分になってしまうのである。

「ケンカ、ときどき仲直り」

もちろん日中がケンカ状態のままでいいはずはない。

私は「和為貴」（和《わ》を貴《とうと》しとなす）と『論語』で説《と》く孔子の子孫である。争いごとは、もともと好きでない。私は祖国中国はもちろん、日本も愛している。だから、両国が「和を尊重してほしい」「仲良くなってほしい」と思う。

しかし「仲良くしましょう」と言って、「はい、そうですか。わかりました」と言うほど、ことは簡単ではない。

なにしろ昔の弱い中国ではない。今や日本に追いつき、追い越そうとしているのだ。一方、日本も経済力にものをいわせて、中国市場を席巻《せっけん》しようとしている。

こうした状況が両国にあるから、双方から批判が出ても、ある程度は仕方がない。だが、行き過ぎはよくない。

先ほどの『論語』の言葉を正しく引用するなら「礼の用は和を貴しとなす。先王の道もこれを美となす。小大これによるも、行なわれざるところあり。和を知りて、和すれども、礼をもってこれを節せざれば、また行なわるべからず」となる。

意味は「礼を行なうには和の道をとるのがよい。昔の王もこの道をとった。しかし、事の大小にかかわらず、和を追求してもうまくいかないことがある。和の重要性を知っていても、礼でけじめをつけるのでなければ、うまくいかないものなのだ」である。

小泉元首相は「自分は日中友好を願っている」「靖国参拝は心の中の問題」と言う。

そしてその一方で、靖国参拝を六度も強行している。「私は中国と和を求めている」と言いながら、一方で中国人のメンツを平気で踏みつぶしている。礼でけじめをつけていないのである。

テレビ討論では、日本語を使っての論戦だ。母国語でないため、思うように言いたいことも言えなかった。

本書は私および中国に浴びせられた批判や悪口への反論でもある。

中国には「ケンカするほど仲良くなれる」という言い方がある。

疑問、糾弾《きゅうだん》、悪口雑言《あっこうぞうごん》、大いに歓迎。

中国人は積極的にケンカを売る。「不打不成交《ブーダーブーチンジォ》」（ケンカするほど仲良くなれる）と考えるからだ。

もっともらしく、口で「ただ仲良く」では、なにも生まれない。「雨、ときどき晴れ」ではないが、「ケンカ、ときどき仲直り」程度がよいと考える。

そして互いに切磋琢磨《せっさたくま》して〝真の友人〟になればよいのだ。

これが本書を書いた理由である。

第一章　セックスからはじまる非難合戦

——中国人「鬼嫁」vs.日本人「色狼《シエンラン》」

金目当てに夫を殺そうとした中国人鬼嫁

中国人のイメージを、これほど悪化させた事件はないだろう。

二〇〇六年二月と三月に報道されたふたつの「中国人鬼嫁」事件だ。

ひとつは千葉県光町（現・横芝光町）で起こったインスリン大量投与殺人未遂事件、もうひとつは滋賀県長浜市で起こった幼稚園児殺害事件である。

両方とも大騒ぎとなり、マスコミでも報道されたので、日本の読者はよくご存じだろうが、内容を振り返っておこう。

前者は、千葉県光町の農業兼左官業の鈴木茂さん（当時、五四歳）が、糖尿病でもないのに糖尿病治療用のインスリンを大量に注射され、意識不明の重体となった事件で、茂さんの妻詩織（日本名、三三歳）が三月一〇日に逮捕された事件である。

茂さんは日本女性と離婚後、四一歳の九三年に中国にお見合い旅行に出かけた。そこで、黒龍江《こくりゅうこう》省出身で当時二〇歳の史艶《シーイエンチュウ》秋と知り合い、翌年、日本で結婚した。史は最初は日本名秋子、後に詩織と改名した。

やがて秋子は、日本語も話せるようになり、近所の人々への愛想もよく、夫婦仲もよいように見えた。しかし、実際は、姑の愛子さんと仲がよくなかったようだ。というのも愛子さんは「秋子は財産目当てに、お前と結婚した。余分な金はやるな。絶対に子どもをつくるな」と日頃から息子の茂さんにきつく言い渡していたという。

相続問題でも、両親から「お前は日本人じゃないので、我々の持ち分はお前にやらない」と言われ、秋子は悩んでいたようだ。

こうした状況の中で、翌年、悲劇が発生する。

夫婦と同じ敷地にあった茂さんの両親の家が全焼し、焼け跡から両親の死体が見つかったのである。父親の利夫さんは首をしめられ、母親の愛子さんは頭を鈍器でなぐられた痕《あと》があり、警察では他殺事件として捜査したが、犯人はあがらなかった。その後、この火事による火災保険で千数百万円が茂さんの口座に振り込まれた。

火災から二年後、待望の長男が誕生。さらにその翌年には次男も生まれた。しかしこの頃から、茂さんに対する秋子の態度が徐々に変わっていく。二〇〇二年に、秋子は二人の子どもをつれて中国へ里帰りする。ところが、子どもを実家に置いたまま、一人で帰国した。茂さんは「なんで一緒につれて帰らないんだ」と抗議したが、秋子は従わなかったという。おそらく離婚した場合に、子どもを茂さんに取られたくない、あるいは、子どもを中国で育てたかったからであろう。この出来事からも、夫婦の関係に溝ができはじめたことがわかる。

二〇〇三年、秋子は日本に帰化し、名前を詩織に変えた。この年、茂さんが、鍋《なべ》の熱湯で全治五ヵ月の重傷を負《お》う事件が起こる。ただしその時は、茂さんは「自分の不注意だ」と言って詩織をかばったという。

そして翌二〇〇四年四月、インスリンの大量投与で、茂さんは急激な血糖値低下による脳障害を起こし、意識不明の重体となった。この状態はその後ずっと続いた。

二〇〇五年八月、詩織は、寝たきりの茂さんをほっぽり出し、浅草の風俗店で働きだす。そして、二ヵ月後には、自分で風俗店を開業した。顔、胸など全身の美容整形に一〇〇〇万円をつぎ込み、「桜」の源氏名で、かわいい性感マッサージ嬢として、人気者となった。

もちろん開業には多額のお金が必要で、これらのお金の出所がどこなのかが、当然、問われることになる。

逮捕された詩織容疑者は、犯行は否認しているものの、インスリンを注射したことは認めているようで、

「夫がケチでお金をくれないので、故郷の中国に仕送りができない」
「仲が悪くなり、離婚したかったが、子どもをとられたくないので、注射で弱らせようとした」

などと取調官に述べているという。

その後の調べで、茂さんには、五〇〇〇万円の保険金がかけられていたことが判明した。おそらく、保険金を狙《ねら》っていたのだろう。

日本へきた中国人は、母国へ仕送りをすることが多い。詩織容疑者も中国の親に大金を送っていた。とくに、二人の子どもを中国へ送って、面倒を見てもらっていたというから、このためにも大金を稼《かせ》ぎ、送る必要があったと考えられる。

そういった意味でも、この詩織容疑者は、在日中国人の典型的な一人といえよう。

幼稚園児二人を包丁でめった刺しに

もう一人の鬼嫁は、滋賀県長浜市で日本人幼稚園児二人を殺害し、二〇〇六年三月一〇日に起訴された鄭永善《ていえいぜん》容疑者（日本名、谷口充恵、三四歳）である。

鄭は二月一七日、自分が運転し、幼稚園に送るはずの後部座席に乗っていた五歳の幼稚園児二人を、刺身包丁で二十数ヵ所もめった刺しにして殺した疑い。助手席には、鄭の五歳の長女が坐っていたという。

鄭はその三年ほど前からノイローゼ気味で、通院や入院を繰り返していたが、犯行については「長女が幼稚園で孤立しており、なんとかしたかった」と供述しているという。

鄭は黒龍江省ハルビン市出身で、七人兄弟の末っ子。現地の大学を卒業し、中国語、朝鮮語、英語を話せるインテリであったという。

二七歳のときに結婚相談所を通じて、日本人会社員の夫（当時、四〇歳）と知り合い、九九年に来日し、二〇〇〇年に結婚。五年間、夫の両親が住む、滋賀県木之本町で暮らし、〇四年に長浜市に転居した。しかし長女を出産してから精神状態がおかしくなり、夫に殴りかかったり、娘に針を刺したりの異常な行動が多くなったという。

さらに、長女が幼稚園に通うようになったが、国籍や言葉の違いがあり、幼稚園の日本人母親たちとなじめなかったようだ。この幼稚園ではグループ登園を行なっており、当番の母親が順番に車を運転し、園まで送っていた。

鄭はこれになじめず「長女は自分で送るので、グループ登園をはずしてほしい」な

ど と要望し、共同の送り迎えを無視して、自分の子どもを勝手に迎えに行くなど、園や母親たちとトラブルを起こし、孤立していたという。

鄭容疑者は、少しでも日本社会に溶け込もうと努力もしていたようだ。スーパーでアルバイトしているときも、習慣の違いを早く理解し、職場に溶け込もうと努力していたといわれる。近所にも中国の巻き寿司をもっていったりしたというから、それなりにがんばっていたのだろう。しかし、公園で子どもを遊ばせているときも、母親の井戸端会議に入っていけず「日本語がなかなかうまくならず、友だちもできない」と悩んでいたという。

鄭容疑者の犯行は、おそらく衝動的なものであったろう。

犯行は、その日の朝、起きたときに突然ひらめいたと供述している。

犯行後その場から逃げ出したが、所持金は数万円しかなく、逮捕されたときは、着のみ着のままであったという。

その後の取り調べで「やったことを後悔している。二人が天国で幸せになれるように祈っている。二人のお母さんにもあやまりたい。申し訳ない」と発言しているという。

多くの中国人が日本にやってきて、言葉などの問題から、周囲に溶け込めず孤立しノイローゼになる。この鄭容疑者も、その典型的な一人である。

そういう意味では、これらの事件は、この二人だけに特有の事件では決してない。

日中国際結婚は三組に一組が離婚している

二人の逮捕と起訴が、同じ三月一〇日であったことから、全国的に注目されたが、この事件には多くの共通点がある。それを明らかにしながら、このふたつの事件の奥深さについて考えてみよう。

まず第一に、二人が、日本人との国際結婚で日本に来たということだ。

近年、日中の国際結婚は、盛んになるばかりだが、じつに問題が多い。

最近の日中の国際結婚は年間で一万二〇〇〇組。だがそのうち、三組に一組が離婚しているのだ。

なぜ、うまくいかないのか？

第一に年齢差の問題がある。前述の例でも、花婿と花嫁の年齢差は約一〇〜二〇歳にもなる。日本人男性が五〇歳、中国人女性が二〇歳というのも珍しくない。

二〇歳違えば、日本人同士でも、夫婦生活を長続きさせるのは大変だ。

そのうえ、来日したばかりの中国人は、日本語が話せない。だから意思疎通が、きわめて不十分となりやすい。この二重のハンデのため、中国人妻は孤独に陥《おちい》り、その結果、ノイローゼになるのも不思議ではない。私自身にも経験があるが、来日早々、精神状態が不安定になる経験は、在日中国人なら誰でも持っていると言ってよいだろう。それが、夫である日本人男性に依存しなければならない中国人女性であれば、なおさらだ。

さらにセックスの問題がある。

これには、ふたつのパターンがある。ひとつは日本人男性が年を取り過ぎ、若い中国人女性に性的な満足を与えられないというパターンである。もうひとつは逆のケース。日本人男性のあまりに大胆でオープンな性的要求に、中国人女性が応じきれない場合だ。

日本の書店やビデオショップには、ヌードの女性があふれているが、中国ではいまだに厳しい規制があるし、ヌードも全面的には解禁されていない。だから、日本人の性文化と中国人の性文化には、大きな隔《へだ》たりがある。

中国人の女性は、一般に性に関しては保守的なことが多い。だから夫婦の性生活も、義理で応じるというか、きわめて控えめだ。ところが、性が開放されている日本では、その影響を受け、夫が無理なセックスを、中国人女性に要求することも多い。一種のセクハラだが、夫婦なら許されるということで、性的な要求を妻に強要しがちだ。

性の問題は夫婦の秘密のようなもので、なかなか第三者にはわからないし話しにくい。このため中国人女性は、いちだんと孤立感を深めるのである。

「日本での労働がこんなにきついなんて！」

私はかつて、日本の東北地方のある村に嫁《とつ》いだ中国人花嫁に、その経験を聞いたことがある。その人をA子さん（当時、二三歳）としよう。

「まず、あまりに雪が深いので驚きました。冬は雪の重さで、屋根がミシミシ音をたてたりするんです。これには驚きました」

A子さんは中国の東北地方、大連《だいれん》で育った都会っ子だ。大連は歴史的に日本とのつながりが深い。それで、日本から来た現在のA子さんの夫（A子さんより一八歳年上）とお見合いをしたという。そして、翌日には大連市内で、結婚式をあげたというから驚きだ。

そして、あわただしく日本の東北地方の村にやってきた。

「お店は小さな雑貨店が一軒きり。娯楽施設などなんにもない。過疎《かそ》の村で、年寄りばかりで、同年齢の若い人がいない。それに、はじめての畑仕事もきつかった」

国際結婚する中国人女性は農民ではなく、地方都市に住む人が多い。この種の国際結婚の仲介料は、普通二〇〇万～三〇〇万円くらいかかる。このうち、仲介者と中国人花嫁側は、これをだいたい折半して受け取る。日本人男性が費用二〇〇万円を払えば、仲介者へ一〇〇万円、中国人妻側へ一〇〇万円という具合だ。変な話だが、中国人花嫁が純粋な農民女性なら、二〇〇万円も要しない。都会の女性だからこれだけかかる。

日本人男性は、都会のきれいな女性を望むし、また中国人花嫁の側も、都会に住む女性のほうが日本に対するあこがれが強い。

「日本に行って、もっと文明的で垢抜《あかぬ》けた暮らしがしたい」と思うのだ。

そういう女性が、店も娯楽施設もない、辺鄙《へんぴ》な農村に嫁いだらどうなるだろう。

農村の労働は苛酷《かこく》である。

さらに、嫁姑《しゅうと》問題が重なる。姑からは、

「農家の嫁にきたのに、ちっとも働かない」

「あいつは、財産目当てに結婚したのか」

「稼ぎもままならないのに、中国に送金したいと言う」

などの非難が出てくる。

先の詩織のケースでも「財産目当て」という非難が姑から出された。

結局、A子さんの場合も、来日してふた冬しかもたなかった。二年後に家出して、都会に逃げ出してしまった。結局、夫が迎えに行き「つらい思いは二度とさせない」と約束して、元の鞘《さや》に収まったのだが、その後、どうなったかわからない。

日本人との結婚は貧乏からの脱出法

二事件の中国人女性が、黒龍江省出身と聞いて、私は「やはり」と思った。

黒龍江省は、中国一失業率が高い省だからだ。中国の全国の平均失業率は約一〇パーセントだが、黒龍江省は約一五パーセントと、いちばん高い。

黒龍江省と吉林省、遼寧省《りようねい》を合わせて「東北三省」という。日本人にとっては、かつての「満州」である。この東北三省は〝老〟工業地帯として知られる。昔から、製鉄業などの重厚長大産業が国営企業として発展していた。しかし、こうした産業は時代遅れになり、一〇〜一五年ほど前から、大なたが振るわれ、多くの国営企業が倒産した。そのため、多くの失業者が発生。私の知るところでも、家族のなかで給料が取れる人が一人いるかどうかという状態なのだ。

近年、国の東北三省振興支援策で開発が進むようになってきてはいるが、それ以前は、内陸部と並んで、極端に貧しい地方だった。だから出稼ぎに出る人、貧しい故郷を捨てて移民する人たちも多かった。

国際結婚というと聞こえはいいが、実質は貧乏からの脱出である。「日本への出稼ぎ結婚」なのである。多くの中国人妻は、婚約時の「礼金《リージン》」（結納金《ゆいのう》）はもとより、日本へ行ってからも実家への送金を欠かさない。

中国人は日本人の何倍も家族意識や血族意識が強い。家族や血族のためならなんでもする。家族の生活のために、自分が身を犠牲にして結婚するという意識が強い。

貧しい実家に、なんとしても送金したい、たとえ殺人を犯してもと考えてしまうのだ。

詩織容疑者の故郷は、黒龍江省の山奥で、夫の茂さんが訪ねたときは、日本から片道三日もかかる辺鄙なところだったという。

その実家に詩織容疑者は、月々万円単位のお金を送っていた。

もうひとつ、この事件の背後には、中国での女性の地位の高さがある。中国では、男女平等であり、女性も仕事をもつのが普通だ。働いていれば、お金も自由になる。

ところが日本の女性の経済的地位は一般に低い。とくに、働かず夫の収入に頼っている妻はなおさらだ。そこでたいていの中国人妻は、働こうと考える。しかし、多くの日本人の夫は、妻が働くことを喜ばないし、仕事といっても、実際には言葉の壁があるのでままならない。

そこで、手っ取り早く稼げる水商売などに走る。この商売は誘惑なども多いので、夫とトラブルを起こすというケースも多くなる。一般に、中国人女性はたくましく、自立意識が高い。風俗店の経営者になった詩織容疑者はその典型例だろう。

もっとも、たくまし過ぎて、人を殺してしまったのでは、もとも子もないのだが。

旧満州地方に残る残虐の系譜

中国の東北地方は、日本人にはなじみのある地域である。かつては「満州」と呼ばれ、戦争前にはこの地に満州鉄道が敷かれ、鉱物資源が日本へ運ばれた。またここには、日中戦争当時、満州・蒙古《もうこ》開拓義勇軍などがつくった開拓村が多く、終戦時の混乱で、多くの日本人孤児が残されたりした。また、この地には日本軍による植民地教育で日本語を話せる中国人がいたり、日本人が建てた建物が今も残る。こうしたことから、親近感が持たれ、国際結婚のお見合いの場となったりするのだろう。

しかし中国人からすると、この東北地方は、かなり黒いイメージと重なる。たとえば、旧満州は、戦争中は馬賊《ばぞく》が横行した土地である。馬賊というのは、いわば山賊みたいなアウトローだ。武装して馬に乗って、村を襲い、残虐の限りを尽くした。

一般に中国人は、東北人というと、その「馬賊」の気質を受け継いだ、残酷性をイメージすることが多い。そのひとつが黒社会（中国マフィア）である。中国の黒社会で、いちばん多いのは福建《ふっけん》省と並んで、東北出身者であるといわれる。

しばらく前に、北京で、地図強盗というのが流行った。夜中に歩いていると、道を尋《たず》ねてくる人間がいる。地図を片手に「○○を探しているのだが、よくわからない。地図を持っているので教えてくれませんか」と聞いてくる。尋ねられた人が、暗くてよく見えないので、地図に顔を近づけると、突然、地図の中から変な臭いがして、それを吸い込むとクラクラッとめまいがする。その瞬間に、財布を盗まれたりするのだ。

当時、これは東北マフィアの仕業だという、もっぱらのウワサであった。新宿の歌舞伎町にも、売春や麻薬を扱う東北マフィアの台頭が著《いちじる》しい。このように、中国人は、東北人と聞くと、青龍刀を振るったり、薬物を扱ったり、というヤクザまがいの残酷なやり方を思い浮かべてしまうのだ。だから、東北出身の女が、夫にインスリンを注射して、殺そうとしたという話を聞けば、すぐに東北マフィアを連想してしまう。

私も「(これは保険金と財産を狙った犯罪だ。この残酷さは、黒社会とつながるものの手口だ)」とすぐに感じた。この勘《かん》は間違っていなかった。

インスリンは、一緒に逮捕された日本人、田口久美子(当時、四一歳)から手に入れたようだ。詩織と久美子は、互いの夫が入院している病院で知り合った。久美子の夫は、暴力団の幹部で、糖尿病を悪化させ、脳梗塞《のうこうそく》で倒れて入院。久美子は病院で知り合った詩織に、糖尿病治療用のインスリンを手渡し、それを詩織が茂さんに注射したらしい。久美子は夫が倒れて以来、生活に困り、水道料金や家賃を払えないほど困《こん》窮《きゅう》していたという。悪知恵を貸して、それなりの報酬を詩織に期待したのだろう。

詩織には、東北馬賊の血が流れているかのようだ。残酷で、その手口は馬賊を思わせる。

もっとも、こういうやり方は、中国では珍しくない。いったん怨《うら》めば、あらゆる手段を使って、とことん晴らすというのが、中国人のやり方なのだ。

浅からず、深からずの付き合いがよい

園児殺しの鄭容疑者は、幼児を二十数ヵ所も刺したという。その残酷さに同情の余地はないが、彼女の気持ちは、同じ中国人の親としてよくわかる。私にも子どもが二人おり、日本で育てた経験があるからだ。

私の日課は毎朝、子どもを保育園に送っていくことではじまる。

今では、保育園の先生や父母とも、仲がよい。

「孔健さん、昨日のテレビに出てたでしょう。大活躍ですね」と気軽に声をかけてくれる。テレビのおかげで、私も子どもも人気者だ。

というわけで、ほとんど問題がないが、それは、私が日本人とのコミュニケーションのコツを心得ているからだろう。では、コツとはなにか？

それは、日本人とは、浅からず深からず付き合うのがポイントということである。

要は、保育園の親たちや先生に、必要以上に気をつかわないことだ。

あえて、そうしたほうがいい。

気をつかいすぎると、「（この日本人は、私のことをどう思っているのだろう）」と変に考えたくなる。そしてこれが、疑心暗鬼《ぎしんあんき》につながる。

「（この日本人は、顔はニコニコしているが、心のなかでは、私のことをバカにしているのではないか）」「（私の子どもに、いじわるをしようとしているのではないか）」などの余計なことを考えず、ものごとを楽観的に考えることだ。

肝心なのは、日本人の習慣、中国人の習慣は全然違うから、常に適当な距離を置いて日本人と付き合うことだ。仲良くなりすぎてもだめ、仲が悪すぎてもだめなのだ。

日本人は付き合いが深くなればなるほど、わからなくなるところがある。たとえば、家族ぐるみの付き合いだ。中国人はいったん友人になると、自分と相手の区別がなくなるぐらいに深く付き合う。「俺のものはお前のもの、お前のものは俺のもの」というぐらい付き合う。家族ぐるみも同じだ。すべてにオープンになり、両家の垣根もなくなる。人の携帯電話も勝手に使うし、料理も交換する。茶碗やコップの区別もなく、共用する。しかし、こういう、ごちゃまぜの付き合い方を日本人は嫌がる。

日本人は自分の箸《はし》は最後まで自分一人の箸であり、他人には、絶対に使わせない。だから、日本人家族と中国人家族が深く付き合うようになると、必ずトラブルが起こる。

私は日本に来て二〇年以上たつが、日本人との付き合いは、家の中にまで立ち入らないように心がけている。適度な距離を置いたほうが、長いお付き合いができる。たぶん鄭容疑者も、最初は一生懸命日本人に近寄っていったのだと思う。そして、努力をすればするほど、日本人の反応に失望して、疲れ果て、最後には疑心暗鬼になってしまったのではないか。

もちろん、私の子どもにも、問題は起こった。〝いじめ〟である。長男が三回ほどやられて、泣いて帰ってきた。

最初、先生に言ったところ、すぐに対処してくれた。しばらく収まったのだが、またぶり返した。二度目も先生に伝えた。しかし、同じ繰り返しなので、三度目は、親である私が出ていくことにした。

相手の子どもの親を見ると、若い父親で、髪の毛を染め、一見チンピラ風である。

「(この人に言っても駄目だな)」と思った私は、いじめっ子の肩をぽんと叩《たた》いて、

「君、うちの子をいじめるのは、これで三回目だよ。いいかげんにしなさい」

と強く言った。

その後もいじめは完全になくなったわけではないが、回数はずっと減ったし、私のほうも、そう深刻には考えなかった。

そして結局、その子は転園し、いじめは完全になくなった。

日本で、中国人が幼稚園や学校に行く場合、いじめ問題は必ずといってよいほど起こる。根っこには、中国人蔑視《べっし》がある。しかし、神経質にならないことだ。気にせずに、言いたいことを言い、平気な顔をして、日本人と付き合えばいい。

私の周囲にも、神経質な中国人は多い。

「この前、あの日本人は、一緒にいてすごく笑っていた。それなのに、今日はぜんぜ

ん笑わない。私がなにか悪いことをしたのだろうか」と、自分を責めたりする。

血液型にはA、O、B型などがあるけれど、鄭容疑者は、神経質なタイプに多いA型ではなかろうか。もちろん、私はB型だ。あけっぴろげなB型ならここまで問題は深刻にならなかっただろう。

他国であっても、相手の顔色を見ながら生きるものではない。

自分は自分、マイペースで生きればよいのである。

美人局《つつもたせ》か単なる不倫か？　総領事館員自殺事件

二〇〇六年三月三一日、読売新聞は、一面にでかでかと「自殺上海領事館員の遺書入手」のタイトルを掲げた。続く小見出しは「電信官だろう、と恫喝《どうかつ》」「次は暗号……」と、中国側が機密を執拗《しつよう》に要求したことを報じ、二面には遺書の概要を掲げた。

この記事によれば、自殺した日本人総領事館員は、当時四六歳。日本に妻を置いて、中国の上海に単身赴任《ふにん》していた。職務は、総領事館と外務省の間の通信事務を担当する電信官で、機密性の高い文書を扱う仕事であった。

そもそものはじまりは、この館員が中国人女性と不倫交際をしたことにある。二〇〇三年頃、この館員は、上海のナイトクラブに遊びに出かけ、カラオケなどを通して某中国人女性と親密な関係となった。ところが、この女性が、〇三年六月に売春容疑で公安当局に拘束されてから事件は思いがけぬ方向に発展する。

中国で売春の罪は結構重いが、不思議なことに、この女性は処罰されず、翌日に釈放となったのだ。そして「公安の唐隊長」と名乗る四〇歳くらいの男が登場する。この唐は、女性を介して、館員と会いたいと告げ、会わねばたいへんなことになると要求した。

そして結局、会うことを承知した館員に、

「われわれに協力しないならば、国と国の問題になり、あなたは仕事を失い、あなたの家族はどうなるかわからない。あなたが協力すると言えば、家族とも一緒に暮らせるし、その女性（中国人女性）とも幸せに過ごせる」

とおどかした。

館員が渋々「協力する」と答えると、唐は、総領事館員全員が載っている名簿を出し、それぞれの出身省庁を教えるよう求めた。

さらに、

「このなかで情報収集の課の出身者は誰だ」

「あなたは電信官だろう。今度会う時に、私たちの興味のあるものを持ってきてほしい」

と要求をエスカレートさせた。

この館員は、次回には必ず、情報システムについて聞かれるのではないかと考え、おびえた。結局「そうなったら、自分は日本を裏切ることになる。責任をとります」と遺書の最後に書いて、二〇〇四年五月に自殺した。

読売新聞の報道を受けて、安倍晋三《あべしんぞう》官房長官（当時）は「中国側公安当局関係者による冷酷、非情な脅迫《きょうはく》、恫喝があった。遺憾《いかん》な行為だ。脅迫などの行為があったと遺書に記されており、男性館員は国のために命をかけた」とコメントを発表した。

事件はその二年前のことであったが、日本側は「中国の公安当局による外交機密情報獲得のための陰謀のあげくの悲惨な結果」と主張した。

一方、中国側は、最初に日本側から「仕事の重圧で自殺した。隠密に処理したい」という申し出があったから、それに応じて穏便に処理したのに、それをぶり返し、あげくに問題視するとは約束違反だと怒った。日本側は中国側が下半身を握ってスパイを強要したと非難したのに対し、中国側は、いいがかりだと反論した。

はたして引っかかった彼が悪いのか、引っかけた中国が悪いのか？

私が得た情報から判断すると、自殺のおもな原因は女性問題だ。はっきり言って、不倫のもつれ。それに付随して、公安当局の画策があった。

彼は日本に妻がいながら、中国人女性と恋愛関係になり、トラブルのタネを抱えていた。それを中国の公安が利用しようとしたのだ。

〝平和ボケ〟日本のお粗末な外交官

すべては、日本人の「スケベ」心からはじまった。

中国のカラオケは、イコール売春宿で、その売春宿の主人が公安関係者という報道もあったが、これは考え過ぎだ。

日本人相手のナイトクラブは、中国では「夜総会《イエゾンホアイ》」といわれる。これには二種類あって、ただ飲んで歌ったり踊ったりの店と、遊んだあと女の子を連れ帰りセックスができる店がある。もちろん後者のセックス目的の日本人が圧倒的に多い。いうまでもなく中国側もこちらのほうが儲かる。というわけで上海にはこの手のクラブがたくさんあるのだ。

おそらく自殺した総領事館員も、セックス目的でクラブに行ったと思われる。最初は売春・買春ではじまった付き合いであったが、やがて恋愛関係へと発展したのだろう。

私の想像では、たぶん女のほうが積極的だったと思われる。

日本人館員は、最初は「俺は独身だ」ぐらいのことは言ったかもしれない。中国人の女を落とすための、スケベな日本人の常套句《じょうとうく》である。彼女のほうも「もしかしたら、この人と結婚して日本へ行ける」ぐらいを夢見たかもしれない。

しかし、両者の関係が深まるにつれて、女が結婚を迫るようになる。当然、本国に妻がいる男はあわてた。いい返事ができない。女のほうはわけがわからず悩む。そこへ公安が接近し「男には日本に妻がいる。力になろう」とささやいた。

ここから、女と公安が一体になり、日本人館員は次第にはめられていったのだろう。

このクラブには彼だけでなく、他の総領事館員もよく来ていたという。

なぜたまたま彼が狙われたかというと、要するに、二人とも本気の抜き差しならない恋に悩んでいたということだろう。

この事件から、日本が学ばねばならないことはなんだろう。

亡くなった彼には申し訳ないが、外交官としての彼のガードはいかにも甘過ぎた。彼は知恵も分別もある四〇代の「いい大人」なのである。人間として、外交官としてこんなに軽率な行動をしてはいけない。

彼の経歴を見てみると、元国鉄職員で、民営化とともに外務省に入り、外交官の道を歩みはじめている。いわば、外交官としてはアマチュアであったのだ。自分が電信官ならば、当然、身の回りを警戒しなくてはならない。ところがまことに未熟、というよりは、不倫でスパイの罠《わな》に落ちるとは、お粗末に尽きる。

中国がはめた、というより、はめてくれといわんばかりだ。だいたい、世界の諜報関係者の常識だが、他国に滞在している大使館員はすべて狙われていると考えたほうがよい。

この日本人館員はまったく警戒していなかった。そういう意味で、自業自得といわれても仕方がない。安倍長官が愛国的行為などと讃《たた》えるのは、まったくのピントはずれなのだ。

色じかけに屈した橋本龍太郎

中国における大きな問題のひとつは、日本人男性が、金や権力をかさに、中国人女性にエッチな行為を働くということだ。この日本人の悪癖は、上は総理大臣から下はビジネスマンまで、枚挙にいとまがない。

総理大臣だってエッチなのである。たとえば、橋本龍太郎《はしもとりゅうたろう》元総理大臣だ。

この「両国を結ぶ不倫事件」は、一九九八年に、日本の週刊誌でも騒がれた。橋本元総理と中国衛生部の通訳と名乗るある中国人女性との〝恋愛事件〟である。この女性は、表向きは通訳だが、裏の任務は病院建設の費用を政府開発援助（ＯＤＡ）で引き出したり、公安のための情報収集などで、橋本元総理に接近したと報道された。要するに「色じかけ」である。しかも、橋本元総理には妻がおり、中国人女性にも夫がいた。つまり、ダブル不倫だ。その後人妻は、橋本元総理との不倫が原因で夫と離婚した。これを、捨てられた夫が裁判に訴えた。

以上のことは、中国でも話題になった。この女性が、中国公安に協力したことを疑われた。ただし国家機密を盗むというような直接的なスパイ行為ではなかったようだ。

下半身がコントロールできないのは、総理大臣だけではない。日本人サラリーマンも同様だ。彼らの中国人女性との〝武勇伝〟や〝ロマンス〟は掃《は》いて捨てるほどある。

たとえば、ある日本人の商社マンだ。単身赴任で中国に来て、一年もたたないのに、同じ会社で働いていた中国人女性と深い仲になってしまった。

中国人女性には、

「本当に愛しているから、あと一年間待ってくれ」

と交際を続け、中国で婚約までした。

ところが、日本に帰ってから態度が一変。日本から手紙で、

「やはり、私とあなたの付き合いには、限界がありました。いろいろ悩みましたが、私には、日本に妻と子どもがおり、彼らを捨てることはできません」

と別れを告げてきた。

もうひとつ例をあげよう。これもダブル不倫の悲劇である。

日本人男性は、夫がいる中国人女性に「私は真剣にあなたを愛している。きっと君

を幸せにする。旦那《だんな》さんと別れてくれ」と迫り、離婚させた。そして「今度は私の番。日本で離婚してくる」と約束して日本に帰っていった。

ところが日本人の彼は、いつまでたっても中国に帰ってこない。結局、離婚しなかった。彼女は最後には精神に支障をきたし、ガソリンをかぶって焼身自殺をしてしまった。中国人としては、なんとも腹の立つ事件であった。

日本人男性はことセックスになると、なんとも勇敢で、かつ無防備だ。

官僚や政治家も、平気で怪しげなカラオケ・バーやクラブに行く。最近、北海道の苫小牧の市長が、バーのママにエッチな行為をし、訴えられて辞任した事件があった。中国では、こんなことはありえない。市長クラスでも、夜、バーなどには近づきもしない。足のマッサージさえ、警戒して行かないほどだ。国内だけでなく、海外でもやらない。

すぐに噂《うわさ》が立ち、首になるから、自らを厳しく律しているのだ。

中国で買春を斡旋した悪徳リフォーム会社

二〇〇五年五月、マスコミ各社は「認知症のお年寄り姉妹が、悪質リフォーム会社にだまされ、預金四〇〇〇万円を取られたうえ、家を競売にかけられていた」と報道した。

このひどい事件は、埼玉県富士見市に住む当時八〇歳と七八歳の老姉妹に起こった。

二〇〇二年、リフォーム会社の社員と名乗る若い男がやってきた。

「おばあちゃん、この家、だいぶ古くていたんでるね。無料で、見てあげるよ」

老姉妹が任せると、男は屋根裏を調べてから「このままだと、この家はつぶれちゃう。建て直したら、ものすごい費用がかかる。でも、屋根裏に補強材を入れれば、数十年は大丈夫」と納得させ、工事契約をさせた。

それが終わって、間もなくすると、別の男がやってきて「おばあちゃん、このままではシロアリに家がやられちゃう。うちにまかせてくれれば通常の半額でできる」と、シロアリ駆除の契約を結ばせた。

こうして、次々と十数社が、リフォームを口実に、計四〇〇〇万円をだまし取ったという。老姉妹は払いきれず、家は競売にかけられていたという。

いずれも不要な工事で、認知症につけ込んだ悪質な「リフォーム詐欺」だった。

この会社のうちのひとつが、大阪府吹田市に本社のある「幸輝」である。

私は報道でこの社名を聞いた瞬間、ピーンときた。

この会社こそ、二〇〇三年に、集団買春事件で中国の人々を怒らせた、あの悪名高い日本の会社なのだ。

「幸輝」は、一九九二年に設立された、従業員五〇〇人前後（二〇代の男性がほとんどで、管理職でも三〇代が多い）の建築会社である。

この会社は、二〇〇一年に売り上げが約七億円だったが、二〇〇四年には六五億円と約九倍へと急伸した。この売り上げ増の原因こそ、世間を騒がせた悪質リフォーム商法である。同社は若い男性営業マンにハッパをかけ、成績を競わせ、強引なリフォーム勧誘により売り上げを増やした。そして、二〇〇三年九月の中国「買春」ツアーには、従業員の半数以上が参加している。

九月一六日、三〇〇人ほどの社員が、中国広東《かんとん》省珠海《しゅかい》市のリゾートホテル「国際会議センターホテル」に到着した。彼らは、別の場所で宴会を開き、コンパニオンという名目で風俗嬢三〇〇名あまりを呼び、彼女たちをそのままホテルに連れ帰った。女性たちは、もちろん「売春」を承知で、料金は一人当たり一二〇〇〜一六〇〇元（一元一五円として、一万八〇〇〇～二万四〇〇〇円、以下このレートで換算）だったという。

さて、問題はどうしてバレたかだ。売春婦の斡旋《あっせん》は、ホテルのスタッフを通して行なわれたが、ホテル側にはバレない自信があった。なぜなら売春を取り締まる公安当局を買収しておいたからである。しかし、あまりに大規模でありすぎた。この大量の派手な売春婦の存在は、人目をひき、この情報をネットへリークする人間がいた。

日にちも悪かった。九月一八日という、柳条湖《りゅうじょうこ》事件記念日の直前であった。この日は、日本軍が柳条湖で事件をおこした国辱記念日。その直前に、日本人が破廉恥《はれんち》に買春ツアーで騒いでいるというので、このニュースはたちまち中国全土に広がり、怒りの声が殺到した。

「日本の色狼《シエンラン》（色魔）に鉄槌《てっつい》をくだせ！」

「やはり日本人は懲《こ》りていない。これ以上の屈辱はない」

「取り締まらない公安は売国奴だ！」

これでは、政府・共産党も無視できない。そこで、珠海市ではなく、その上部機関である広東省の公安警察官が派遣され、売春婦や売春を斡旋したホテル関係者、黙認した珠海市警察副署長などが逮捕された。

裁判では、売春行為の中心人物である中国人二人（ホテル幹部とナイトクラブ経営者）に終身刑、「幸輝」の役員など日本人三人が国際指名手配となった（日本人はすでに国外へ出ており、中国当局は、外務省に引き渡しを要求したが、引き渡されなかった）。

普通、売春斡旋罪は二年以下の懲役だから、中国当局が世論を考慮し、厳しい罰を科したと思われる。

それにしても、中国で恥を売った悪質リフォーム会社が、日本で、お年寄りをだます会社であったとは、偶然の一致にしてはできすぎである。

軽いノリのダンスが原因で一〇〇〇人規模のデモが勃発

「幸輝」の集団買春事件は二〇〇三年の九月に起きたが、その記憶がさめない一〇月にもうひとつの反日事件が、内陸部の西安で起こった。

西安市の西北大学の学生一〇〇〇人以上が、反日デモを行ない、大学構内にいた日本人留学生に、殴る蹴《け》るの暴行を加えたのである。

原因は、一〇月二九日にキャンパスで開催された、共産主義青年団主催の「文芸の夕べ」で、三人の日本人留学生が演じた〝奇妙〟な出し物である。

とにかく、舞台に上がった三人のかっこうが下品だった。Tシャツは着ているものの、赤いブラジャーを胸につけ、下腹部には男性器を思わせる紙コップ。もう一人は、段ボール製のロボットのようなかぶりものをつけ、そこには「忍者・寿司・毛沢《もうたく》東《とう》・謝謝・中日友好」などの文字が書かれていたという。これは西安に現れた宇宙人だそうで、三人は「ナ、ナ、ナ」などと意味不明な言葉を発し、奇妙キテレツな踊りを踊ったという。

おそらく日本人出演者としては、まじめな催《もよお》しものが多いので、ナンセンスなりをして笑いを取ろうとしたのだろう。日本にいる私には、よくわかる。しかし、すでに述べたように、中国は性風俗には厳しいお国柄である。裸ではなかったものの、性器丸出しのような下品さに、観客席はいっぺんにしらけ、あわてた主催者や教員によって、このパフォーマンスは、すぐに中止させられた。

しかし、事態はこれで収束しなかった。翌日、この出し物を糾弾《きゅうだん》する壁新聞が学内に貼り出された。

これらの新聞は「昨日の日本人の出し物は、中国人を侮辱している」「見逃すことはできない。日本人に罰を加えよ」と主張。こうして、午後には、一〇〇〇人あまりのデモが起こり、日本国旗が燃やされたり「日本猪」と書かれた人形が燃やされた。

また、デモ隊の一部は日本人留学生の寄宿舎に乱入し、日本人留学生を殴ったり、教科書を破り捨てたりしたという。

私には、日中双方の食い違いがよくわかる。

日本人留学生は、学園祭で中国人学生を笑わそうという軽いノリでやったのだろう。しかし私には、中国人学生の怒りもよくわかる。

日本人留学生にしてみれば日中友好という気持ちだったのだろうが、中国の文化祭であんな下品なことをする中国人は一人もいない。日本人は花見で、裸踊りをしたりするが、中国ではああいう行為は絶対に許されない。

裸踊りなどをしたら、それこそ、公安警察に逮捕されかねないのだ。

こうした日中間の落差は、あまりにも大きい。

反日・反中感情の高まりを憂うる

かくして、日本と中国の双方で、相手を非難する声が噴出する。「鬼嫁」騒動などで、中国人に対する批判の声が日本の中で高まっている。マスコミの調査では、嫌いな外国人の筆頭が中国人になっている。日本人の七〇パーセントが、「中国人は嫌い」と答えているのだ。

おかげで、日本にいる同胞からは「最近は公共の場所では、大きな声で中国語をしゃべれない」という声も聞く。

二〇〇六年三月、橋本元総理大臣を団長として、日中友好七団体の代表団が中国に行った。この頃、小泉元首相の靖国《やすくに》参拝で、冷えきっている日中関係を少しでも温かくしようという、久しぶりの大型「友好」訪問団だった。

ところが、彼らに対しても「売国奴」や「帰ってくるな」という罵声が、日本からネットなどで、浴びせられた。

歌手の谷村新司《たにむらしんじ》さんは、現在中国の大学で音楽を教えているが、彼が「中国料理が大好き」といったことに対しても、抗議が寄せられていると聞く。

日本のネット青年たちは、連携し「反中」に動いているようだ。

一方、中国の怒れる青年（憤怒青年＝憤青《フンチエン》）も今は、政府にサイトを閉鎖されたりしておとなしいが、すきあらば反日の声をあげようとしている。

火種は、東シナ海（中国側の呼称は東海《ドンハイ》）ガス田や尖閣《せんかく》諸島（同、釣魚島《デォユーデォ》）の名をあげるまでもなく、中国のいたるところにある。日本製品は中国製品と日々、熾烈《しれつ》な闘いを演じているし、日本人ビジネスマンの「買春」も止むことがない。日本人向けナイトクラブは繁栄する一方だ。

集団買春ほど、中国人のひんしゅくを買うものはない。もちろん中国人だって「買春」をやる者はいる。しかし、やるにしても、一人でこそこそとやる。ツアーなんか組まない。ところが、日本人は堂々とこれをやるのである。

これでは、まるでケンカを売っているようなものだ。

はじめて日本に来たとき私は「日本人はなんて礼儀正しいんだ」「孔子を中国人よりも尊敬している」と感心した。それから二三年たったが、今は考えを改めざるをえない。たしかに日本人は、謙譲の精神や礼儀を重んじる。しかしそれは、上半身の話である。下半身はまるでだめなのだ。

中国人は、この逆である。今時の若い中国人は、礼儀も作法もない。上半身の修身が必要だ。しかし下半身は、日本人ほどスレていない。

この困った日本人と中国人たちに、次の『論語』の言葉を贈りたい。

「子貢曰《しこういわ》く、貧しくてへつらうことなく、富《と》みて驕《おご》ることなきは、いかん。子曰く、可なり。いまだ貧しくて道を楽しみ、富みて礼を好む者にはしかざるなり」

弟子の子貢が、孔子に尋ねる。

「貧乏であっても、へこへこ偉い者にへつらわず、金持ちになってもいばらないというのは、いいことではありませんか？」

孔子は答える。

「いいことだね。でも貧乏であっても、質素な人間らしい生き方を楽しみ、金持ちでも礼儀を失わないのは、もっといい」

貧乏人を中国人、金持ちを日本人に置き換えれば、ぴったりではないだろうか。

第二章　靖国論争の根底にある死生観の違い

――墓をあばいてでも報復vs.死んだらみな善人

「靖国神社に行こう」と提案して孤立した中国人

八月一五日は、かしましい日だ。

この日は、中国やアジアの国々にとって「日本の軍事支配を脱した解放記念日」だが、日本にとっては「敗戦記念日」であり「終戦記念日」だからだ。

中国やアジアの人々にとっては、勝利を喜び祝う日だが、多くの日本人にとっては、静かに戦没者を慰霊したい鎮魂《ちんこん》の日なのである。

そして、このかしましさを何倍にもしたのが、小泉《こいずみ》元首相の「靖国参拝」だ。

中国は「戦争を引き起こした張本人であり、極東国際軍事裁判で有罪判決を受けたA級戦犯を合祀《ごうし》する靖国神社に、敗戦日本の首相が参拝するのは、絶対に許せない」と日本にケンカを売る。一回や二回までは許す。だが、五回、六回と繰り返すなら、絶対に許さないというのが中国の立場だ。

これに対し、小泉元首相は「罪を憎んで人を憎まず。参拝は心の問題。それを理由に、首脳会談を開かないなど、まったく理解できない。何度でも行く」と反論している。

この対立関係は、激化するばかりで、今や日本と中国の関係は〝政冷経熱〟という言葉に象徴される事態となっている。

では、どうしたらいいのか？

私は日中両国に現れた、これまでの硬直関係を解きほぐす、ふたつの〝緊張緩和《きんちょうかんわ》〟の動きに注目している。

ひとつは、福田《ふくだ》康夫《やすお》総理による二〇〇七年秋の自民党総裁選当時の、関係改善に向けた一連の発言と行動だ。

たとえば福田氏は、

「東南アジアの国々と、心のふれあう相互信頼関係を築くのがなによりも大切。靖国問題がネックになっている。これは両国にとって不幸な事態であり〝異常〟といえる。決して長期化させてはならない」

と主張している。

その他の候補者たちも、多くは小泉首相の路線とは一線を画する発言をしている。

じつは、緩和の動きは、中国のほうにも起きている。

中国の新聞や雑誌といえば、これまでは、もっぱら政府や共産党の主張を代弁するスピーカーの役割を果たしてきた。社会主義中国では、マスコミの主要な任務は、政府見解の正しい伝達とされ、検閲や規制が行なわれているからだ。ところが、ここ数年、この事態をくつがえす動きが出ている。必ずしも、政府・共産党のいいなりになっていないのだ。

たとえば、『看世界』（ワールド・ビュー）というグラフィック誌の二〇〇五年九月号だ。この雑誌は、日本に特派員を派遣し、「小泉首相の靖国参拝をどう思うか？」「中国人の反日行動や言論をどう思うか？」「先の戦争をどう思うか？」「日本の右翼は強くなっているか？」などの質問を日本人に直接ぶつけ、その結果を記事にしているのである。これは、日本では当たり前のことかもしれないが、中国では勇気ある報道姿勢なのである。

注目されるのは、この『看世界』の冒頭の「日本を直視せよ」という一文だ。この中には、中国人訪日団体の靖国神社をめぐるエピソードが紹介されている。

それによれば、ある中国人団体は、どこを見物するかで意見交換をした。大多数の人が、世界最大の電気街アキハバラに出かけるのを楽しみにしていた。

ところが、ひとりの中国人が、

「皆さん、いい機会ですから、靖国神社に行ってみませんか」

と提案した。

ところが「A級戦犯がまつられている神社になぜ、われわれが行く必要があるのか」と反対意見が続出し、その中国人はすっかり孤立してしまったという。

この雑誌は、実際にあったこのエピソードを紹介したうえで、「われわれは、もっと日本を直視すべきではないか」と、次のように提言している。

「中国は、戦後の日本の民主化や非軍事化をあまりに知らなさすぎる。そして、国家利益のレベルだけで、日本を敵視しようとする。隣国を無視することは、長い目で見れば、お互いのためにならない。われわれは、民間交流の一環としても、もっと日本の実状や国民感情を直視する必要があるのではないか」

私は、この姿勢に一〇〇パーセント賛成である。中国のマスコミにも、このような勇気ある人々が現れていることを、ぜひ知ってほしい。

中国人は死霊の復活を信じている

中国人はなぜ靖国問題で、執拗《しつよう》に日本を攻撃するのだろうか？

これには、その理由の背景にある、中国人と日本人の死生観の大きな違いを考えなければならない。この違いを理解しないかぎり、互いの誤解は永遠にとけないだろう。

では、両者の死生観は、どのように違うのだろうか？

まず第一に、死者に対する受けとめ方が違う。

日本人は、人は死んだら、生前の罪はすべて許され、霊は成仏して浄土や天国へ行き、みな仏さま、神さまになると考える。そのことは、日本人がよくいう「死んだ人に罪はない」という言い方に現れている。この考え方は日本人特有の「性善説」あるいは「平等観」にもとづくものといってよいだろう。

ところが、中国人はまるで違う。

中国人は、今でも多くの人が、人は死ぬと、魂《たましい》と魄《はく》（肉体）に分かれると信じている。儒教《じゆきよう》や道教からくる「魂魄《こんぱく》」説である。「魂」は「陽性」で「天」に行き、「魄」は「陰性」で「地」に降りる。つまり、魂は天に昇華し、肉体は地に潜《もぐ》る。

しかし、そのようにすっきりと行き場のきまらない霊もある。この悩める霊は、中空の人間界をさまようと信じられている。だから、魂は位牌にまつり、肉体のほうは土に埋め、早く霊が落ちるように、鎮魂の儀式、すなわち葬式を行なう。

　この考えにもとづき、中国では古くから土葬が行なわれてきた。ところが、一九五〇年代以降、土葬は原則的に禁止され、政府の火葬政策が推進されている。とはいえ、火葬への抵抗感は、今でも農村部を中心に根強く残っている。

　土葬というと、祖母が亡くなった時のことを思い出す。

　私の祖母は二〇年ほど前に亡くなったが、死に際に、私の手をとり、「孔健、唯一お願いがある。どうか火葬にしないで土葬にしておくれ」と泣いて頼むのである。祖母は死んだ後、いつか必ず現世によみがえり、孫の私に会えると信じていた。ところが火葬にすると、帰るべき肉体がなくなってしまう。だから、祖母は強く土葬を望んだのだ。

　このように中国人は、魂のよみがえりを信じている。「招魂《しょうこん》」である。

　儒教の礼典『儀礼』には「屋根の中央で、北を向き、大きな声で死者の名前を呼ぶ」という儀式が記されている。これこそ招魂の儀式である。

　さて、問題は招魂にある。いったんは分離し、中空をさまよう魂魄が、再び合体したらどうなるのか？　死者のよみがえりである。

靖国神社に眠る軍国主義者であるA級戦犯たちの霊が招魂され、よみがえったらどうなるのか、と中国人は考える。だから「軍国主義者の復活につながる小泉首相の靖国参拝は絶対に許せない」と中国人はしつこく抗議するのである。

日本人の「お骨拾い」が中国人にはわからない

日本と中国では、葬式のやり方もずいぶんと似ている。ともに仏教の影響があるからだろう。

たとえば中国では、死が近づくと、その人を北の窓の下に寝かせ、顔を東に向けさせる。日本でいう北枕である。また、葬儀後は、七日間ごとに七週間にわたり法事を行なう。とくに最初の七日目と四九日目には大きな法事を行なう。日本の初七日や四九日の法要と同じである。

もちろん違いもある。一番違うのは、中国人が棺に、紙銭を大量に入れる点だろう。

日本でも、昔は脚絆《きゃはん》やわらじなどの旅用品を入れたり、現在は、故人の愛玩品《あいがんひん》などを入れるようだが、中国では最近まで、紙でつくったお金や品々を棺に入れる習慣が残っていた（二〇〇六年の四月一日から、火事の心配や迷信にとらわれないようにという政府命令で、全国的に禁止となった）。紙の銭だけでなく、紙でつくったパソコン、車、愛用品など、あふれんばかりに棺に入れ、盛大に死者とともに燃やす。なんのためか？　あの世で困らないためである。とりわけ「三途《さんず》の川の運賃」や地獄の閻《えん》魔《ま》さま対策が大きい。

中国の言い伝えでは死者は、冥土《めいど》に着くと、審判にかけられる。まず死者の生前の行為を記した帳簿を秤《はかり》の一方に、もう一方には善玉と悪玉を交互に乗せ、どちらが重いかをはかる。また大鏡に向かって生前の行為を申告し、ウソをつくと鏡に真実がたちどころにあらわれる。こうして、判決が決まると、刑の内容別に、血の池や針山など、二四もの地獄に送られる。こうした手続き一切を役人が行なう。そこで刑を少しでも軽くしてもらうために、賄賂《わいろ》用のお金が必要となる。そこで、葬式の時に燃やしてあの世に届いているお金を使うのである。中国人は、この世だけでなく、あの世でも、世渡りのため賄賂を上手に使う。じつに、現実的な人間なのである。

中国人が、日本人の葬式でどうしても納得できないのが「お骨《こつ》拾い」（骨上げ）だ。

ある時、私の勤め先である中国画報協会の会長の息子さんが日本で急に亡くなった。社員旅行で信州の白樺湖に行き、ホテルのプールで心臓麻痺を起こしたのだ。救急車で運ばれたが結局亡くなった。その知らせを受け、私は急遽《きゅうきょ》、東京からタクシーで、現場に駆けつけた。社員旅行中ということもあり、息子さんが勤める日本の会社が葬儀を取り仕切った。

葬儀が終わり、火葬場に行くことになった。ところが、ここでひと悶着《もんちゃく》。会長の母親が「火葬場に行きたくない」と言い出したのだ。

中国人である私には、この母親の気持ちがよくわかる。母親にしたら、いまだに孫《まご》の急死が信じられない。火葬で肉体を焼いたら、孫に二度と会えないと思い込んでいるのだ。

しかし土葬にするわけにもいかない。そこで、嫌がる母親を説得して、全員で火葬場に行った。しかし、ここでも騒ぎが起こった。

死体焼却後の、箸を使って骨を壺に納める「お骨拾い」である。

「骨を箸で拾うなんてとんでもない」と母親は、これを拒否した。

日本人参列者はあわてて「これは日本の風習だから」「本人もお母さんに、お骨を拾ってもらえば、どんなにか喜ぶでしょう」などと説得しようとした。

すると母親は「あんたたち日本人は、そんなに孫を殺したいのか」と激怒した。「殺したい」は言い過ぎだろうが、要するに「死んだことを、それほど、何度も確認したいのか」「うちの孫はまだ生きている」と母親は言いたかったに違いない。

日本人は、死んだら骨まで確認しなければ気がすまないが、中国人はそうでない。中国人は、魂の復活を信じている。すぐではなくても、何十年後か何百年後かに戻ってくると信じている。中国には「私は誰々の三〇代目の生まれかわり」と言う人がたくさんいる。

そのことが、バカ正直な日本人には理解できないのだ。

墓をあばいてでも、敵にとどめを刺す

もうひとつ、日本人が永遠に理解できないのが、中国人の〝執念深さ〟だ。

中国人は、五代にわたって復讐《ふくしゅう》を遂《と》げるというほどしつこい。

ある地方のA、B、ふたつの名家が、五代二〇〇年にわたって争い続けたという中国の実話がある。両家は、その地方で一、二といわれる資産家で、互いに相手を倒

し、ナンバーワンの地位と財産を築こうと機会をうかがっていた。A家の総領が倒されれば、その復讐にB家の総領が狙《ねら》われた。こうして、次々と犠牲者が生まれ、子々孫々五代にわたって憎み合い、戦争状態が続く。両家とも多くの死者を出し、疲れ切っていた。このままでは共倒れになってしまう。そこである賢人が最終的なアイディアを出した。両家の財産をC家に譲り、両家を破産させるのだ。こうして両家がなくなり、争いは終わったという。

ことほどさように中国人は執念深い。殺されそうになると、死ぬ間際に「五〇〇年たって生き返り、必ず復讐するから待っていろ」と相手に言うのが中国人である。

中国人が霊の復活を信じていることは前述した。この霊が悪霊だったらどうなるのか。よみがえったなら、必ず復讐してくるに違いない。そこで、生き返らないように墓をあばき、目茶苦茶にする。残っている遺体や骨などをこなごなにすれば、最終的に霊が帰ってくる体と場所がなくなる、と中国人は考える。

じつは私の先祖の墓もあばかれている。今から四〇年ほど前の文化大革命の時代である。当時「社会主義、共産主義の赤い血を守るために、害毒を流す封建主義の古い思想家、孔子を攻撃せよ」と叫ぶ紅衛兵《こうえいへい》が、わが先祖、孔子の墓を破壊した。墓のなかには、何もなかったのだが、土をほじくり返し、彼らは意気揚々と引きあげた。

中国人は「捲土重来《けんどじゅうらい》」を信じている。簡単にいえば「敗者復活」だ。一度敗れたものが、また勢いを盛り返すことをいう。日本人は先の戦争に敗れた。しかし、勢いを盛り返し復讐にくるのではないか？　中国はこれを恐れ、執拗に日本に先制攻撃をしかけるのである。

日本人は「いかに死ぬか」、中国人は「いかに生きるか」

「花は桜木、人は武士」と日本人は言う。桜も武士も、その散り際が一番美しいという意味なのだろう。日本人は潔《いさぎよ》い散り方、いかに死ぬかを重視する。

日本の『葉隠《はがくれ》』には「武士道とは死ぬことと見つけたり」という言葉もある。

中国の儒教も死を軽視しているわけではない。古来、儒教では、父親が死んだ場合、後継者は三年間、喪に服さねばならなかった。じつは孔家の第七五代直系子孫である私も、本来なら、日本にいてはいけないところなのだ。私の父は二〇〇五年の一月一〇日に亡くなった。昔なら、長男で喪主である私は、三年間毎日家にいて、どこへも出かけられないしきたりである。今はそれを守っていては、生活が成り立たないから、誰もやる人はいないが、とにかく親の死を、それだけ悲しむことが「孝」と考えられたのだ。

じつは「儒教」を体系化した孔子以前、すなわち紀元前六〜前五世紀に「儒家」という集団があった。この集団は、自然崇拝のなかで「葬儀屋」の役割を果たした。儒教の「儒」は、ニンベンと需要の「需」に分かれる。すなわち「人間に必要なことを行なう人」、すなわち葬送儀礼を専門とした集団であったのだ。孔子はここから出発して、自然崇拝のなかから祖先崇拝の要素を取り出し、上の者を敬う礼儀や忠孝という「礼法」を強調し、当時、身分制秩序が崩壊していた社会や国の再建を目指したのだ。

ではあるが、孔子は死や霊よりも、生や現実をより一層、重視した。

『論語』に、孔子と弟子の季路の次のような会話がある。

「先生、神霊に仕《つか》えることは大切なことなのでしょうか?」

孔子は答える。

「人に仕えることすら、よくわからないのに、どうして神霊に仕えることがわかろうか」

「では、死ぬということは、どういうことか教えてください」

「生きるということさえわからないのに、どうして死を教えることができるだろう」

孔子にとっては、いかに死ぬかより、いかに生きるかが問題だった。だから儒教は、神について語らない。

「怪力乱神を語らず」という孔子の言葉もある。「怪しいもの、魂、神、そういうものはいっさい語らない」という意味だ。儒教は宗教ではない。宗教は生死という不可解な課題を扱うものであり、儒教は、曖昧《あいまい》なものには触れず、現実的な生の問題、いかに生きるかを語る。

私も、死者よりも生きている人間のほうを重視したい。

靖国問題は、考えようによっては、過去の死者の霊が、現在の二国間の外交の正常化を阻《はば》んでいるといえる。死者が生者を走らせている――これは、よくない。

一刻も早く、両国の現在の関係を正常化させるべきではないだろうか。

日本人はなんでも神様にする

日本には、たくさんの神様がいるという。

島根県の出雲大社に行って、驚いた。日本には、八百万《やおよろず》の神様がいるというのだ。

その神様が、毎年、一〇月になると、日本の全土から出雲に集まり会議をするので、一〇月を神無《かんな》月《づき》と呼ぶという話を聞いて、思わず笑ってしまった。

日本人は、誰でも彼でも、神様にしてしまう天才だ。菅原道真が死ねば、天神様にしてしまうし、徳川家康が死ねば、東照大権現としてまつられる。

関西の比叡山《ひえいざん》に、酒井大阿《だいあ》闍梨《じゃり》を訪ねたことがある。

私は恐る恐る、大阿闍梨に質問した。

「本当に神様はいるのですか？」

「神はいるよ。そこの階段の下に」

階段の下を見たら、たしかにカミがいた。檻《おり》に、二匹の「オオカミ」がいた。

古代の日本人は、草や木にも霊が潜んでいると信じたそうだが、これでは、たしかに数えきれないカミサマがいることになる。

もっとも中国にも、実在の人間を、神様にした例がないわけではない。その実例を見たい人は、横浜の中華街にある関帝廟《かんていびょう》に行ってみればよい。

ここにまつられている関帝（関聖帝君）は、西暦二〇〇年前後の後漢、三国時代に活躍した実在の人物に端を発している。『三国志』の豪傑、関羽《かんう》である。関羽は義弟、張飛《ちょうひ》とともに、劉備《りゅうび》に仕え「義をみてせざるは勇なきなり」と義侠心《ぎきょうしん》を貫いたことで知られる。この横浜には、明治のはじめに一〇〇〇人くらいの中国人が住んでおり、その中華街のなかに、中国人の心のシンボルとして、一八七三年（明治六）に、関帝廟がつくられた。

ではなぜ、武将がカミサマとしてまつられたのか？

それは、関羽の「義理を守る」精神が「約束を守り、信用を得る」という、華僑《かきょう》の商人道と一致したためであろう。また関羽は、強いだけでなく、理財にもたけていたので、あがめられたという説もある。

さて、この関帝廟には、もうひとつ、日本の神仏との類似点が見られる。この廟には、関帝以外に「玉皇上帝《ユーハオダーディ》」「地母娘娘《デイムーニャンニャン》」「観音菩薩」などがまつってある。

日本では、神様と仏様が混淆《こんこう》する神仏習合が珍しくないが、じつは、中国にも、そういう流れがある。「玉皇上帝」「地母娘娘」は道教の神様だし「観音菩薩」は仏教からきている。道教、仏教、儒教のカミが一緒にまつられているのである。

日本の神様vs.中国の仙人

日本の神道は、中国の道教からきているという説もある。「道」という表現が同じなのも偶然ではないかもしれない。

道教にもたくさんの神がいる。最高神の元始天尊や太上老君（老子）、天や星を表す玄天上帝や北斗神君、地獄の神である閻羅《えんら》大王、山の神である東岳大帝、龍王や土地神などである。

道教というのは、日本人にとってはわかりにくいだろうが、①紀元前五世紀頃からの老子の思想、②紀元前三世紀頃からの不老長寿を説く神仙思想、③易学や病気治しの呪術《じゅじゅつ》、陰陽五行説や占星術など、おもに三系統の思想や呪術が合体したものといっていいだろう。儒教が倫理や道徳・政治に重きを置くのに対し、道教は、修行や占いなどによって、個人の幸福や健康を実利的に実現しようという、一種の民間信仰といえばいいかもしれない。

日本の神様に近いのが、中国の「仙人《シエンイン》（神仙）」だ。

道教の大きな目的のひとつに、人類の永遠のテーマである「不老不死」の実現がある。このスーパーパワーを、さまざまな修行を通じて、獲得したのが、神仙（仙人）というわけだ。

神仙になるために「道」を修行する人を道士というが、道士は山に籠《こ》もって、次のような修行をする。ひとつは、辟穀《へきこく》・調息（服気）・導引《どういん》・房中などの身体鍛練法。辟穀とは、人間の体に悪い影響を与える穀物を食べないなどの食事法。調息は、天地の「元気」な気を体内に吸収し、体の悪いところをなくす呼吸法（気功法はこのなかの一種）、導引は「金丹《きんたん》」など人間の体を不死にする仙薬の服用法、房中はセックス法である。そのほかに内思とか坐亡《ざぼう》と呼ばれる精神集中や瞑想法もある。

この修行に成功すると、いつまでたっても若々しく、年を取らず、やがて体に羽がはえ、空を自由に飛べるようになる。この術をつかって道士は天にのぼり、帝君（神神）たちと永遠の生を楽しむのである。

この仙人は、日本の神と、どこが異なるのか？

日本の神は死後に誕生するが、中国の仙人は、肉体をもったまま生前に不老不死の力を獲得するのが大きな違いだ。この点でも、中国人が、現実的であり、生前を死後より重視していることがわかるだろう。

気功集団「法輪功」はなぜ弾圧されるのか

近年、中国では気功集団「法輪功《ほうりんこう》」の存在が大きな問題になっている。二〇〇一年には北京の天安門広場で七人の信者が焼身自殺をこころみた。これは、中国政府への抗議活動だったと思われ、これまでに「法輪功」関係で死んだものは、二〇〇五年の時点で二〇〇〇人を超えていると見られる。「法輪功」関係者は「死者は中国政府の弾圧によるもの」と言うが、中国政府は「法輪功は日本のオウムと同じ狂信者集団。この世は末世、天へ行く、などと勝手に自殺している」としている。

日本人は「法輪功が気功集団なら、なぜ弾圧されねばならないのか?」と疑問に思うだろう。その謎を解くには、気功が、道教から来ていることを理解しなければならない。

じつは、日本でも流行っている気功は、道教からきている。すでに述べたように、道教には呼吸法がある。そのひとつが気功なのである。

気功は、体中に気（生命エネルギー）をめぐらせることにより、諸器官を活性化させ、不老不死を可能にする呼吸法として開発されたのだ。やがて気功は、病気の原因となる滞《とどこお》りを除くなど、自然治癒《ちゆ》力による民間健康法として、中国国内に広がった。

中国には、約二〇〇〇に及ぶ気功の流派があるとされ、日本や世界にも広がった。じつはかくいう私も、二〇年ほど前に、気功を日本に紹介した一人である。

というわけで、気功は二〇〇〇年前の成立当初から、道教の神の概念と結びついていた。すなわち、修行し、体内の気を自在にあやつれるようになれば、五臓六腑に神が宿る状態になり、神とつながり、人は生きたまま神（すなわち仙人）になれるとしたのである。

法輪功で自殺者が多いのは、中国政府に対する抗議行動の結果もあるが、それとは別に仙人になり、天に旅立つための修行行為とも考えられる。

私の中国時代の元同僚で法輪功の信者だった人がいる。彼は奥さんや、奥さんの父親など、家族全員で仙人になるために、厳しい修行をさせ、結果的に彼を含め、五〜六人で自殺してしまった。なかには「私は仙人になるぞ」と飛び下り自殺した人もいるほどである。また中国には、道教の一派である太平道や五斗米道《ごとべいどう》などの信仰集団が、反政府闘争に立ち上がった歴史がいくつもある。彼らの宗教的結束は固く、既成の権力を認めず、自分たちの教義にしか重きを置かないため、政府はその制圧に苦慮した。この法輪功も、何百万人も会員を持つ大組織に発展した。それを恐れた中国共産党が弾圧に乗り出したのである。

二〇〇六年四月に、アメリカ訪問をした胡錦濤《こきんとう》の歓迎式典で、胡主席のスピーチを遮《さえぎ》り、報道陣席からブッシュ大統領に「胡錦濤に殺人をやめさせてください」「法輪功に対する迫害をやめさせてください」などと叫んだ女性記者がいた。

じつはこの記者は法輪功のメンバーで、会場から追い出されたが、江沢民時代から、中国政府と法輪功の対立は、ずっと激しさを増しつづけている。

弱点を握り、徹底的に叩く

日本と中国では「強者」と「弱者」に対する考え方も異なる。

中国人は「強者」が好きだ。「事大主義」である。「事大主義」とは「弱い味方より強い敵を選べ」という生き方だ。

兵法で知られる孫子《そんし》の言葉でいえば「擁強抑弱《ようきょうよくじゃく》」で「強いものを擁護して、弱いものは抑える」という戦略である。

この「擁強抑弱」策こそ、現代中国の戦略方針である。

たとえば、最高実力者だった鄧小平の策である。鄧は「豊かになれる者から豊かになればいい」と主張し、沿岸部や都市に経済特別開発区を設け、改革開放政策を推進した。まず強い地区を発展させ、弱い地区は後から追いつけばいいという考え方だ。

この現実論はみごとに効力を発揮した。それまでは、社会主義の建て前論で「平等」がもっぱら主張された。たしかに平等ではあったが、「皆そろって貧乏」の平等でしかなかった。ところが鄧小平のやり方は違った。先進外資企業など、強いものをどんどん国内に招致《しょうち》して発展させた。そのため弱い国営企業はどんどんつぶれた。その結果、失業者も出たが、年率七〜九パーセントもの高度成長を持続し、中国は全体としては豊かになった。

この「擁強抑弱」策は、対日外交にも使われている。日本は経済は一流だが、政治は三流だ、と中国は見る。だから日中貿易は擁護するが、外交は中国が弱点を握って抑え込む。

日本の弱点とはなにか？　それは中日戦争で中国を侵略し、敗北したことだ。結果、日本は東京裁判で欧米諸国に裁かれ、A級戦犯たちは処刑された。そのA級戦犯をまつっているのが靖国だ。ということは、靖国は日本のアキレス腱となる。だから、ここを叩く。日本の過去の総理大臣たち、たとえば、中曽根《なかそね》康弘《やすひろ》・橋本龍太郎元総理大臣らは、弱点だと知っていたから、批判されるやすぐに靖国参拝を自粛《じしゅく》した。

これに、あくまでもこだわっているのは、小泉元首相だけなのである。

「和して同ぜず。同じて和せず」

こういった中国の「擁強抑弱」策に、日本はどう対抗したらよいのか？

答えは、孫子の対極にある孔子の言葉にある、と私は考える。

孔子は、孫子に対して「扶弱抑強《ふじゃくよくきょう》」――弱いものを助けて、強いものは抑える――という考え方を押し出した。根本は「仁愛」哲学だ。「弱きを助け、強きをくじく」、すなわち「思いやり」の精神である。

今、日本と中国に必要なのは、互いを思いやる心だ。相手の弱点を叩くのではなく、相手の弱点を擁護することにある。たとえば歴史問題では、中国がトーンダウンする必要があると、私は言いたい。いつまでも、靖国で日本を叩くのは、中国にとって得策ではない。

中国は「日本には軍国主義復活の兆候《ちょうこう》がある。その象徴が靖国問題だ」と言う。しかし、実際問題として、日本には軍国主義復活の兆候はない。日本に長年住んでいる私には、それがよくわかる。たしかに靖国は日本の弱点だ。それは日本人内部でも、小泉元首相の靖国参拝に反対の人が半分近くいるのでもわかる。

しかし、だからこそ、これを日本攻撃のカードにしてはならない。

それよりも、中国のすべきことは、日本が困っている問題で手助けをすることだ。たとえば北朝鮮の拉致問題や長距離弾道ミサイル「テポドン2」問題の解決へ向けて努力する。これは六ヵ国協議を主導している中国ならではの仕事だ。これが解決に進めば、日本の国民はどんなにか、中国に感謝するだろう。

日本には「判官びいき」という言葉がある。強い源頼朝《みなもとのよりとも》よりも、弱い弟の義経《よしつね》のほうに人気がある。だから中国が、困った立場にいる日本を救えば、日本人も、中国の困った問題を助けようという気になるに違いない。今の中国には、格差問題や公害問題など、困った問題はいくらでもある。これらの問題に、先進技術・資本国である日本が協力してくれれば、中国人も大いに感謝するに違いない。

これまで見てきたように、日本と中国には、理解しがたいさまざまな考え方や習慣、文化の違いがある。だが、だからといって、永遠にうまくやれない、ということではない。

孔子は「和而不同、同而不和」(和して同ぜず、同じて和せず)と言っている。両者が和の道を歩むからといって、何から何まですべて一致させる必要はない。また、意見の一致をみたからといって、すべて仲良くということでもない。

なんでも意見を一致させようと無理な努力をするのではなく、違いは違いとして意見を戦わせながら、和を求めていく。

あくまでも大枠で仲良くしていければよい。

そうしなければ、一〇〇年、二〇〇年ケンカしても、少しも前に進まないのである。

第三章　若者たちの過激な〝愛国論議〟

――強気の中国人vs.弱気の日本人

反中・反韓意識の異常な高まり

日本でベストセラーとして評判になった『マンガ嫌韓流』を読んでみた。三〇万部も売れたそうだし、若者の関心が高いという。

読んでみて、韓国人攻撃のすさまじさに驚いた。この本は、韓国をターゲットにしているが、韓国を中国に置き換えて読めば、そのまま中国人攻撃の内容になる。

本のなかから、いくつか気になるフレーズを引用してみよう。

「韓国人の心の根底には、日本人相手なら何をしても構わない、という日本人差別の意識がある」

「民度の低さからか、フィクションを歴史的事実と思い込む韓国人が後を断たない」

「(韓国は)小中華思想で日本人を見下していたのに、その日本に併合されてしまったことへの逆恨《さかうら》み」

「アメリカの黒人新聞『マネー・トークス・ニュース』は、韓国人は下劣、貪欲《どんよく》、傲慢、差別主義的、と批判している」

「韓国は国策として〝キーセン観光〟という売春を推奨《すいしょう》してきた国であり、女性の力で外貨を手に入れてきた」

これを読めば「俺たちを馬鹿にするな！」とほとんどの韓国人が怒り心頭だろう。

しかし私が気になったのは、内容もさることながら、なぜこの本が、若い日本人の熱い支持を受けたのかという点だ。そこに、日本の若者の危険な意識が垣間《かいま》見える。すぐに気づくのは、本のいたるところで述べられている被害者意識だ。

「中国と韓国の圧力でオレ達日本人は蹂躙《じゅうりん》されていた」

「本当に差別されているのは、実は日本人ではなかろうか」

「最近ようやく日本人は、これまでの一方的な自虐史観から抜け出そうとしている」

これは、いじめられっ子のせりふではないか。もっと正確にいえば、実際にいじめられていないのに、いじめられたように思い込んでしまう、弱い子特有の叫び声だ。

同じような論調が、若者が駆使しているインターネットの世界にもあふれている。

右翼チックな口調から、最近では彼らをネット右翼と呼ぶらしいが、彼らご愛用の2ちゃんねるの掲示板には「チャンコロ」「シナ豚」などの侮蔑《ぶべつ》語とならんで「だから中国人は民度が低い」「中国人は日本から出て行け」などという表現が頻繁《ひんぱん》に登場する。これらの表現は、裏を返せば「日本は民度の高い優秀な国」「われわれはこの国を愛している」ということであり、それを認められない外国人は「この国から出て行け」ということになるのだろう。

国の比較になると、とかく議論は熱しやすいし、過激な言葉も出やすい。話を冷静、かつわかりやすくするために、ここで「国」を「製品」に置き換えてみよう。

①「中国製品は安いかもしれないが品質はよくない」
②「その点、日本製品は優秀だ」
③「だから中国製品を日本から追放しよう」

この三段論法は、たとえ①、②が正しいとしても、③の結論は、いかにも飛躍がありすぎだ。自由競争の原理からいっても、正しくない。

たしかに今、中国関連グッズは、日本にあふれている。極端にいえば、朝、中国製のトースターでパンを焼いて、中国の話題が出ている新聞を読み、中国製のスーツを着て会社に行き、取引先の中国と連絡をとり、夜、中華料理を食べているようなものだ。

これだけ中国が身近にあれば、たしかに反発も起こる。

「(品質においては、日本製品は中国製品に絶対に負けてはいない。だが、中国は猛烈に追い上げてきている。このまま日本は優位でいられるのだろうか。心配だ)」

おそらく多くの日本人が、こうした気持ちを抱いているだろう。

だが、特定の国を排除するやり方は正しくない。

間違ったナショナリズムでしかない。

日本の若者が、日本人としての誇りや愛国心を取り戻したいという気持ちはよくわかる。だが、ヒステリックな反発だけでは、なにも解決しないのである。

支持を受け続ける「中国の怒れる青年」

では、中国の若者はどうだろう。中国の怒れる青年を「憤怒青年」(憤青《フンチエン》)というが、彼らもそうとうヒート・アップしている。

「日本はなぜ、あんなに小さな釣魚島(日本側呼称は尖閣《せんかく》諸島)や東海ガス田(日本側呼称は東シナ海ガス田)にこだわるのか。それは小日本には資源がまったくないからだ。彼らは、世界中を飛び回り、資源を探して血眼《ちまなこ》になっている。資源小国日本の野望は、絶対に阻止しなければならない」

「日本は携帯電話の市場で敗北した。多くの日本企業が中国からの撤退《てったい》を余儀なくされている。バンザイ！　これで、中国の国産力が証明された。中国人は本気になれば、絶対に小日本《シャオリーベン》などには負けないのだ」

「現代日本人の性は乱れきっている。町にはポルノ宣伝のチラシやポスターがあふれ、女子高生は援助交際に走り、人妻は不倫に狂っている。頽廃《たいはい》の極致だ。日本は堕ちるところまで堕ちた。そんな日本にとどめを刺せ」

あいかわらず、威勢のいい発言が多い。

二〇〇五年四月の反日デモ以来、中国政府のネット規制で、露骨な反日サイトは、強制的に沈黙させられている。過激な表現は表面上はずいぶんと少なくなっている。しかし「小日本」や「鬼子日本《クイズリーベン》」など、反日の言葉が、まったく消えたわけではない。

私の知り合いの青年の中には「前回の反日デモには参加できなくて残念だった。今度、機会があれば、必ず参加する。小日本に抗議するのは、中国人民の神聖な義務だ」などと、広言する者もいる。

しかし最近では、過激な憤青をたしなめる論調も出ている。

たとえば、あるネットの掲示板では、次のように、憤青を批判する。

「憤青は口を開けば、日本人は意気地がない、どうしようもないバカだと罵《のの》る。しかし、本当にそうなのだろうか？　日本人はバカなのか？　アメリカは日本に原子爆弾を投下した。当然、日本人はアメリカ人を恨むべきなのに、そうしなかった。そのかわりに、日本人は勉強をして、経済を発展させ国を豊かにした。日本人は頭がいい。中国もそれを見習うべきだ。みんな勉強しろ。勉強して立派になれば、世界でいじめられなくなる。外国へ行って、先進技術を学ぼう。憤青みたいにカッとなるのは駄目だ。冷静になって勉強しよう。憤青にはなるな」

もちろん、反論もある。

「バカヤロー、何言ってる！　偉そうなこと言うな。お前は日本の犬か。日本を理解しよう、見習おう、なんてバカなこと言うな。お前は日本の番犬だ。弱くて少しも能力がない。なぜ日本は、韓国を恐れるのに、中国を恐れないのか。そのわけは、韓国は反日を声高に叫ぶのに、中国は黙っているからだ。だからどこまでも馬鹿にされる。お前自身の頭と尻で考えてみろ。バカもん」

というわけで、青年たちの内部でも、激しい意見の対立がある。

しかし日本と違って、中国の大人の多くは憤青に同情的である。

そのことは、次のような意見にもあらわれている。

「憤青たちは、たしかに若くてまだまだ未熟だ。しかし憤青は、祖国を憂い、だらしない政治家に怒っている。純粋な気持ちを持つ青年の代表だ。彼らの行動はともかく、考え方や思想は評価できる」

「頭の固い年寄りが、若者に対していつも『それは過激すぎる』『やりすぎだ』と言う。だが、憤青たちには、国の将来と運命に対しての責任感と熱情がある。だから、評論家たちが若者や憤青を、したり顔で批判するのは間違っている」

「中国の憤青は日米の青年たちとは全然違う。彼らは、社会、国、民族に関心を持っている。自分なりの思想、考え方のある青年だ。日米の青年のように堕落していない。これからは〝憤青〟を〝奮青〟と書くべきだ」

同調論や同情論が、じつに多い。

ここが、日本の社会から浮き気味のネット右翼と中国の憤青の大きな違いである。

ウルトラ・ナショナリズムが国を滅ぼす

日中の両国で、若者の愛国心の〝異常〟な高まりが見られる。

もちろん家族や郷土、国を愛する感情は自然であり、それ自体は美しいものである。

だから民族主義（ナショナリズム）それ自体は悪いものではない。ところがこれが、他国人をけなしたり、排除するという「排外主義」につながれば、戦争や民族浄化につながりかねない。

そもそも中国に憤青が登場した頃は、それほど危険な存在ではなかった。過激な言葉を使っても、半分遊びで「愛国表現」ゲームのようなものであった。

だが、九〇年代中期以降、憤青は大きく変わる。その契機が「反日」である。

これも最初は言葉だけだった。ところがネットで「反日」という絆《きずな》で結ばれた若者たちが、民族主義の旗を掲げるや、大きな政治的なうねりとなっていった。同調者が増え、ネット世界の多数派となり、街頭に進出し「反日デモ」で現実の力となった。

この経験で「憤青」は、自分たちに自信をもちはじめた。これは、はなはだ危うい兆候と言わなければならない。

なにが危険かといえば、彼らの過激で偏狭な民族主義的主張がである。

欧米では、この危険性は、はっきりと認識されている。

欧米のメディアでは、「憤青」という言葉は、民族主義過激派（ウルトラ・ナショナリスト）としっかりと定義されている。ヒットラーを崇拝するスキン・ヘッドのネオナチと同じ扱いなのである。

これら民族主義過激派の特徴は、国益重視と排外主義である。

憤青の主張の核心は、強硬手段で中国の国家利益を勝ち取ることである。

自国のことを最優先にし、他国のことを考えない。要するに、自分さえよければいい、というナルシシズム（自己偏愛）なのである。

ヒットラーがそうであった。

自己の熱弁に陶酔《とうすい》し、あまりの排他的民族主義（ゲルマン民族のみが優秀で、ユダヤ民族のような劣等民族は、排除、絶滅してもよい）ゆえに、まわりの現実が見えない。こうして〝裸の王さま〟ヒットラーは、破滅への道をひた走った。

偏狭で、自己陶酔的な民族主義は、世界を滅ぼしかねない。

私も中国人だから、愛国主義は理解できる。だが、もっと冷静かつ理性的、そして現実的になってほしいと願っている。

日本文化にあこがれる中国青年と中国に無関心な日本青年

二〇〇六年一月下旬、一本の中国映画が日本で公開された。張芸謀《チャンイーモウ》監督作品で、日本人俳優の高倉健《たかくらけん》が主演の『千里走単騎（単騎、千里を走る。）』である。張監督は、『紅いコーリャン』でデビューし、ベルリン、カンヌ、ベネチアの各映画祭で受賞し、『HERO』や『LOVERS』で世界的ヒットを飛ばした名監督である。

この映画は、中国映画であるが、主演に高倉健を使い、日本編の監督に降旗康男《ふるはたやすお》監督を使ったように、日中合作といってよいほどの映画である。

この張監督は記者会見で「なぜ、高倉健を使ったのか」と聞かれて、

「今から三〇年ほど前になりますが、中国で、日本映画の『君よ憤怒の河を渉《わた》れ』を見ました。主演が高倉さんで、寡黙《かもく》な中にも男らしさを秘めた姿が心に焼きつきました。この映画は、中国全土の一〇億人の人々に大変な感動を与えました。その頃、中国の演技学部とか映画学院の中でも〝高倉健モデル〟演技というのが流行りました。

七〇年代から八〇年代のはじめ頃でしたが、私も服の襟をたてて、健さんのマネをしました。その時以来、高倉さんは私の心の中で、ずっと神様のような存在で、いつか高倉さんの映画を撮ろうと思っていたのです」

とコメントを残している。

この言葉を聞いて、私も青春時代に『君よ憤怒の河を渉れ』を見たことを思い出した。

この映画は中国の文化大革命後に公開された最初の外国映画で、中国では一九七八年に公開された。高倉健演じる刑事が、冤罪《えんざい》に巻き込まれ、警察を辞めて独力で犯人を捜しだし、冤罪をそそぐ話である。刑事を助ける可憐《かれん》な女性役が中野《なかの》良子《りょうこ》。高倉は若い中国人女性の、中野は若い中国人男性の心をつかみ、一躍大スターとなった。

当時、私もこの映画の虜《とりこ》になり、何回も見たのを覚えている。

なぜこの映画は、中国でヒットしたのだろうか？

その秘密は、高倉健演ずる刑事の格好よさにある。この刑事は最初、警察組織の一員であった。それが、犯人扱いされて、組織の外に放り出される。一匹狼として、真犯人を求め、組織の力を借りず、独力で捜査を開始する。

このテーマは、文革で荒《すさ》みきっていた中国の人々の心を打った。人々は政府や共産党組織の「革命」騒ぎに踊らされ、ひどいめにあっていた。組織不信に陥った彼らにとって、高倉健のヒーローぶりは一服の清涼剤だったのである。

というわけで、私も大好きな健さんのこの映画を見るのを楽しみにしていた。『千里走単騎』は、〇五年末には中国で、明けて〇六年に日本で上映された。両国で封切られたのだが、結果はどうだったろう。中国では映画館に行列ができるくらい若者を中心にヒットしたが、日本の映画館では観客の入りは極端にふるわなかった。それも、日本の観客はほとんどが年配者で、若者はわずかしかいなかった。

「(やはり、恐れていたとおりだな)」と私は思った。

中国の若者は、日本に反発しつつも、日本文化には大きなあこがれと関心を持っている。

たとえば、中国の若者は、『ドラゴンボール』や『名探偵コナン』など日本アニメやマンガに、強い興味を持っている。これらの作品は、中国の大ベストセラーだ。

知り合いの青島《チンタオ》の高校生は「日本のアニメは、よく知っている。大好きだ。一度、そんなマンガを生み出す日本に行ってみたい」と語っているほどだ。

ところが、日本の若者は、中国が嫌いで、その上、中国文化にも、まったく無関心なのだ。これは、ゆゆしき問題である。他国の文化に関心があれば、まだ望みがある。その国のことをもっと知りたいと思うからだ。たとえて言えば、韓流スターに夢中な日本の中年婦人が、韓国に行ったり、韓国語を勉強するようなものである。

いちばん悪いのは無関心なことだ。

なにも知らないのに、すべてを好き嫌いの感覚で判断してしまうのだ。

娘を中国の小学校に入学させた理由

私には娘と息子の二人の子どもがいる。ともに日本に住んでいたが、二〇〇五年の九月から、六歳の娘を中国の小学校へやることにした。中国の済南にある妻の姉の家に住まわせ、面倒は妻の母や姉たちに見てもらい、学校へ通わせることにしたのだ。

それまで娘は、日本の保育園に通い、すっかりその環境に溶け込んでいた。だから、この進路については、妻とともに、ずいぶんと考えた。

なぜそうしたか、を述べてみよう。

一番大きな理由は、やはり、中国人として育てたいということである。中国語と中国文化をしっかりと学んでほしいというのが親の願いである。それに我が家は孔子家の末裔《まつえい》だ。私は、儒教や孔子の思想が中国文化の核心だと思っている。私の生涯の仕事はその継承だ。孔子家は男系だから、娘が継ぐことはないが、できれば娘にも、大学院まで進んでもらい、将来は中国哲学の分野に進んでもらいたいと思っている。それには、中国語をしっかり身につけなければならない。

それで二歳の時に、娘を二年間、中国へやった。二四時間、中国人の生活環境に浸《ひた》らせた。やがて四歳で戻ってきて、六歳まで日本の保育園で過ごした。そして、家では親と中国語で話し、保育園では友だちや先生と日本語で話すという生活を二年間送った。したがって、娘は中国語と日本語を話すバイリンガルである。だが、だからといって単純には喜べない。どちらの言葉も中途半端なのである。日常会話はできるが、ほんとうに勉強の面でもついていけるのかが親としては心配だった。

それが小学校で試される。では、日本と中国のどちらでそれを試すのかだ。悩んだ末に、やはり初等教育は、母国中国で受けさせることが大切だと考え、本人にとっても親にとってもちょっと寂しいが、一人で中国にやることにした。

もうひとつ理由がある。

それは、中国の小学校のほうが、日本より優れていると判断したことだ。日本人は意外だと思うかもしれないが、中国人はそう考えている。

何が日本の学校より優れているか？

まず、勉強に対する集中度が違う。中国の学校では、宿題がどっさり出る。朝から夜まで勉強づけ。日本のように、だらだらと遊び半分に勉強しない。

それに中国では小学校一年生から英語がある。

親としては、子どもには国際人になってもらいたいと考えている。そのために、将来、アメリカやイギリスなどの大学院に行かせたいと考えている。

とにかく高学歴を与えたいのだ。というのも、最近の中国では、単なる大卒資格では役に立たない。「考研《コウイエン》」（修士の意味）でもだめ。競争が激しいから、博士になっても、よい就職は保証されない。これは、今の中国人の親の誰もが考えていることだ。

とにかく、中国語、日本語、英語の三ヵ国語をきちんと身につけるのが最低条件だ。日本も、英語を小学校教育に取り入れるかどうかを検討しているようだが、中国ではすでに、小学校から導入されている。これは、じつにいいことだ。

もうひとつ。中国の大学や大学院には、優秀な学生が集まり、互いに切磋《せっさ》琢磨《たくま》できる教育環境があることだ。なにしろ一三億の人口である。進学競争は激烈。この競争を勝ち抜いてきた高資質の学生たちが集まる。北京大学（日本の東大のようなもの）には、天下の秀才が集まり、勉学に励む。娘も、こうした一流大学で勉強させたかったのである。

夜の九時までやっても宿題が終わらない

こうして娘を中国の小学校に入学させた。結果はどうだったか？

期待は、半分は叶えられ、半分は叶わなかったというところだろうか。

まず驚かされたのは、ハードな勉強スケジュールである。

朝七時三〇分、娘は妻の姉に送られて登校する。始業は朝八時で、昼まで勉強する。そこで昼食のために自宅に帰る。中国の学校には給食や弁当はない。自宅に帰って昼食を食べ、昼寝をして二時に登校。それから五時まで勉強する。

帰ったからといって、外へ遊びに出る時間はない。大量に宿題が出ているので、それをやらねばならない。夕食後、六時三〇分頃からはじめるが、半端な量ではないので、終わるのが九時、一〇時になる。普通の中国人の子どもなら、もっと要領よくこなすのだろうが、娘の中国語は不十分なので、設問の意味がよく読み取れない。書く能力も十分でなかった。だから、時間がかかったのである。それで、宿題をこなしきれないまま提出、あるいは未提出で、ひどく先生に怒られた。

さらに、確認のテストがしょっちゅうある。問題の意味がわからないのだから、よい点が取れるはずがない。

これはまずいというので、娘は、点数を消しゴムで消して、家人に見せていた。だから、しばらくバレなかった。ある時、学校の先生から、家人に連絡があり、「ここのところ、点数がよくないが、お家ではどう考えているのですか？」と聞いてきた。それで、すべてがわかってしまった。

娘は英語と美術と体育は成績がよかった。英語は日本の子ども英会話教室で、美術は日本の保育園のお絵描きで、体育は体が大きく運動神経が発達していたので、よかったのだ。

しかし、それ以外はまったくふるわなかった。

それでも、悪戦苦闘の末、半年ぐらいで、どん底だった成績は、中位ぐらいになった。

その頃、学校の先生と父母面接の時間がもたれた。母親が中国へ行き、先生と会った。

「将来の進学希望は?」と聞かれたので、母親が「できれば、北京大学などの一流大学に進ませたいのですが」と言うと、にべもない答えがはね返ってきた。

「お子さんの成績では、たいへん難しいです。北京大学などいい大学に入れるのは、この学校の卒業生で一人いるかいないかです」

これには、妻もがっかり。

妻が日本へ帰ってきて、私たちは話し合った。

その結果、はたして中国で、これだけの犠牲を払っても、将来がそれに値するかどうかという疑問がわいた。平日は遊ぶこともできずに宿題づけ。週末はおけいこごと。中国では、書道とバレエとピアノを習っていた。遊ぶ時間がまったくない。子どもらしい時間がまったくないのだ。そして、目標であるいい大学に入れるかどうかもわからない。

これでは犠牲が多過ぎる。

さらに、そばにいるのは親戚だけなので、ずいぶんと甘やかされ、わがままにもなっていた。このままではしつけが、まったくできない。

日本には私立学校なども、たくさんあり、選択の幅も広い。

ということで、再び、娘を日本の学校に戻す決心をした。

わずか一年間あまりだったが、親子ともども、いい経験になった。


田中耕一さんのノーベル賞受賞が中国人には大ショック

中国では詰め込み教育を「塡鴨式《テンイアシー》」という。「鴨に無理やり餌を飲み込ませるのに似ている」からである。そのすさまじさは前述したとおりだが、この点、私は自由な発想を十分に生かした日本の教育を高く評価している。

二〇〇二年、島津製作所のサラリーマンである田中耕一《たなかこういち》さんがノーベル化学賞を受賞した。これが、中国人には大ショック。ノーベル賞受賞者は、海外の中国人にはいるが、いまだ中国国内からは出ていない。さらに注目されたのは、田中さんが大学教授などではなく、博士号も持たない、ただの民間会社の一研究者だったことだ。

「日本には、普通の研究者でも、スゴイ奴がゴロゴロいる」となったのである。

それで、日本にはなぜこんなスゴイ研究者がいるのか、ということになった。

結論は「日本には自由な発想の教育がある。わが国の教育は詰め込み式で、なにもかも押しつけ過ぎる。それが独創性を破壊している。もっと日本に学ばねば」ということになった。

日本の教育は中国に比べると、ずいぶんと自由だ。その点、中国は問題が多い。ここは、日本に学ばねばならない。

といって、〝自由〟教育すべてがすばらしいと賛美《さんび》するわけではない。それどころか、問題が多いのも知っている。

たとえば、女子高生である。たしかに彼女たちは、伸び伸びとしており、高校生活をエンジョイしているように見える。しかし、電車のなかで、鏡を見てお化粧に熱中している姿を見れば、勉強に興味があるとはとても思えない。

興味があるのは、短いスカートやお化粧だけなのだ。

日本の若者が一般に政治に無関心なのも、自由な〝無国籍〟教育のせいだろう。

仕事についても、つかなくても自由だから、フリーターやニートが増える。

親に反抗するのも自由だから、暴力を振るったり、殺したりする若者もいる。

私は日本で、毎日スポーツクラブに通っているが、多くの若者の傍若無人《ぼうじゃくぶじん》な態度には腹が立つ。ドアは平気で開けっ放しにして外へ出ていく。「ちゃんとドアを閉めなさい」と私は注意する。しかしながら、多くの若者は、「すいません」の言葉もない。

先日、電車で坐っていると、妊婦の女性が目の前に立った。それで、席を譲ったのだが「ありがとう」の一言もない。

これも〝自由〟教育の結果なのだろう。

愛国教育が国民を単細胞化させる

では、中国の若者の教育はどうだろう。

中国人の若者には、戦争も含めて、自分の国の歴史を知ろうという気持ちが強い。だから愛国心も旺盛《おうせい》だ。なにしろ、デジタルカメラでも国産の「愛国者」というカメラがヒットするほどなのだ。

繰り返し言うが、愛国教育一般は決して悪いことではない。

自分の国を愛すること、歴史的興味を持つこと自体は悪いことではない。

ところが中国の愛国教育は、反日教育だと、日本では評判が悪い。

たしかに中国の歴史教科書には、中日戦争のことが何十ページも出てくる。これに比べて、日本の歴史教科書は、日中戦争の記述は、せいぜい二ページというところだろう。

そして中国全土にはいたるところに、戦争記念館がある。中国の生徒は、ここに出かけて、戦争の歴史を学ぶ。ところが、日本には五〇〇〇もの博物館がありながら、戦争をテーマにしている博物館は、靖国神社の「遊就館《ゆうしゅうかん》」など、きわめて少ない。だから、日本の若者は「南京《なんきん》虐殺」も「七三一部隊（石井部隊）」も詳しくは知らない。内容の正誤はともかくとして、中国の若者が、日本の若者よりは、一般的に歴史や戦争について知っているのは事実ではないだろうか。

中国の政府当局が、自己の史観を青少年に一方的に注入（洗脳）しているという批判もある。それもあるだろうが、青少年の思想はそれだけで形成されるものでない。戦争を直接経験した祖父母や親の話など、社会からも学んで、国家観というものは形成される。それを一方的に〝洗脳〟の言葉でかたづけてしまうのはよくない。戦前の日本で行なった「皇国史観」教育も、〝洗脳〟であったのかをめぐって、多くの論議があると聞いている。

だからといって、中国の愛国教育に問題がないというのではない。私が恐れているのは、この教育が、中国の若者の思考を極端に〝単細胞化〟させることだ。これでは「国を愛することはいいことだ」と無批判に思い込みがちだ。今、日本で論議されているように「国を愛するということはどういうことなのか」を自分の頭で考えなければならない。

この単細胞傾向に拍車をかけているのが、中国の若者の、活字離れだ。ちょっと古いが、一九九八年の中国青少年研究センターの都市部での調査によれば、三〇〇冊以上の蔵書を持っているのは全体の一〇パーセント、青少年の四〇パーセントは、教科書以外の本を一冊も持っていない。これは、中国の〝文人〟の歴史からいって、じつに寂しい。

たとえば昔の中国には「士大夫《したいふ》」や「読書人」という教養階級がいた。「士大夫」は科挙試験で登用された官僚で、「読書人」は民間の学者や知識人を指す言葉である。彼らは書を読み詩歌を愛し、国のために尽くした。

こういう立派な伝統があるにもかかわらず、今や中国人の知識階級は、息もたえだえである。

これは歴代の国家や政権が、知識階級を弾圧したせいである。たとえば紀元前三世紀、秦《しん》の始皇帝《しこうてい》は「多くの書物や儒者が、皇帝のやり方を非難し、攻撃した」として、書物を焼き捨て、諸生（学者・インテリなど知識階級）の多くを辺境に流し、約五〇〇人を生き埋めにした。「焚書坑儒《ふんしょこうじゅ》」である。

共産党の時代も同じであった。一九五六年、毛沢東《もうたくとう》は、自由に意見を言うべきだと「百花斉放《ひゃっかせいほう》・百家争鳴《ひゃっかそうめい》」を提唱した。多くの知識人がこれに共鳴し、官僚批判や共産党批判が、どしどし飛び出した。ところが翌年、毛沢東は「反右派闘争」をはじめ、これらの意見を抑圧した。批判する人々は「反革命分子」「毒草」として摘発され、投獄されたり、労働改造（労働による思想改造）と称して、都市から農村に送られた。この数は四〇万人以上といわれている。

言論弾圧の長い歴史の結果、人々は自分の頭で考えず、自由に発言しないようになった。

だから、今の中国では「愛国」そのものを疑うことはせず、「愛国無罪」などのような単細胞的思考が横行しているのだ。

政治意識が正しい選択を妨げる

知識や知識人を軽視すれば、どうなるのか？

知識や情報の欠如は「無知・無法・無天」を生み出す。

「何も知らず、正当でなく、天にツバする無茶苦茶な行動を生み出す」ということだ。

反日派の悪癖は、日本のことをよく知らないのに、日本あるいは日本のものは、すべて悪いと断定してしまうことである。

たとえば日本の新幹線の中国への導入である。北京と上海間などで高速鉄道を建設するプロジェクトは、日本、フランス、ドイツが三つ巴になって受注を競っており、いまだに決着をみていない。そんなおり、反日青年たちは「日本の新幹線の中国導入反対」を声高に叫んでいる。今、中国では新幹線という言葉はタブーである。なぜなら、新幹線は日本製であり、しかも宿敵台湾に導入されている日本ブランドだからである。したがって反日派は「新幹線」と呼ぶべきではなく「高速鉄道」と呼ぶべきだと主張する。しかし、問題は、呼び方や政治的思惑で選ぶのではなく、あくまでも性能で選ばなければならないということだ。

じつは、中国人の鉄道のプロは、日本の新幹線が、フランスやドイツの高速列車と比べて、抜群の性能をもつことを、とっくに知っている。中国の鉄道専門技術者は、純粋に技術的観点から、日本の新幹線を全面的に支持している。

ところが、小泉元首相の靖国参拝や歴史教科書問題で、日中間がこじれるや、反日派の「やはり日本製はよくない」「自国の愛国高速鉄道を」という大合唱が起きた。彼らは日本の新幹線が開業以来死亡事故がゼロであり、安全性の高い乗り物であることなど、まるで知らない。

反日青年たちは「日本の新幹線をボイコットせよ」と、無知、無法に叫ぶのみ。深い知識や技術も知らずに、やたらに政治意識だけが先鋭になっている。

採用されないのは、ひとえに小泉元首相の靖国参拝など政治的理由が重視されたためなのだ。

正しい選択を誤る、典型的な悪例としかいいようがない。

「日本人は友好的でやさしいことを知りました」

二〇〇六年五月、中国の高校生約二〇〇人が日本の成田空港に降り立った。「日中21世紀交流事業」の目玉事業である一〇〇〇人規模の高校生の相手国訪問の第一陣である。彼らは九日間にわたって、千葉、茨城、三重、滋賀県などを訪れ、高校訪問やホームステイなどをして、日本の高校生や大人たちと交流した。

茨城県では、四四名の中国人高校生が水戸農業高校や鹿島灘高校を訪れた。水戸農業高校では、田植え、ジャムづくり、ミシンがけなどを、日本の高校生とともに体験。また鹿島灘高校では、和太鼓の演奏を聴き、陶芸や生け花、和食の調理実習を楽しんだ。

こうした活動に参加した高校生の感想を、『人民中国』誌から引用してみよう。

「日本は国土が狭く、資源がないのに、なぜこんなに発展することができたのかと考えました。日本では、よく電車のなかで本や新聞を読む人を見かけました。日本人は時間を効果的に使い、よく残業をするそうです。こうしたことが、日本の経済を発展させた原因ではないか、と考えました。日本滞在は一週間ほどしかありませんが、じ

っくり日本を見て帰りたいと思います」（江蘇《こうそ》省・金夢）

「日本人にはあまり好感をもっていませんでした。でも、日本にきて、日本人と接し、日本人は友好的でやさしいことを知りました。短い滞在ですが、できるだけ多くの日本人と接し、多くの友だちをつくりたいです。それに、日本人が中国人をどのように見ているかも知りたい」（黒龍江省・張冠宇）

このほかにも、

「日本は自然が美しく、環境に配慮しているし、人々は親切で驚いた」

「ホームステイで家族総出で大歓迎してくれ、感激した」

「将来は、日中友好の仕事をしたい」

などの声が多かった。

この事業は、冷えきってしまった日中関係を少しでも緩和するために、日本政府が予算を増やし、従来の交流枠を一〇倍に増やして、緊急実施されたものである。しょせん官製事業、とけなす人もいるが、私は重要な事業だと評価したい。

私は日本に長期間住んでいるおかげで、日本のことならたいていのことを知っている。日本の事情をほとんど知らずに「日本では右翼が台頭している。日本軍国主義による戦争の危険がある」と非難する中国人も多いが、日本の実状を知る私は「たしかに、日本は右傾化しているが、右翼や軍国主義者が日本国民の多数に支持されているとは思えない。また日本人の圧倒的多数は平和を望んでいる」と自信を持って答えている。

在日二三年の経験がこう言わせているのである。

日本の実態を知らない中国人が多い。

逆に、中国の実態を知らない日本人も多い。この両者が理解し合うには、何よりも、自分の目で、耳で、互いの国の実状を見合うことである。

今、日本に約七万人の中国人留学生がいる。中国には、約二万人の日本人留学生がいる。この若者たちがそれぞれの地で、見聞きし交流を重ねることが、両国の将来を築いていく強力な力だ、と私は思う。

第四章　オリンピックに命をかける中国人

――メダル大国中国vs.スポーツ施設大国日本

オリンピックで国の力をアピール

中国は二〇〇八年の北京オリンピック開催に、命をかけようとしている。これは中国流の大げさな言い方ではない。中国では、スポーツ＝政治である。だから、オリンピックを、中国の偉大さを世界にアピールする絶好の舞台にしようと考えている。国威発揚である。これまで中国はあらゆる分野で後進国だった。しかし改革開放で経済が発展し、余裕が出てきた。だが政治的、社会的には、まだまだ後進国だ。そこで、オリンピックでの躍進を契機に「世界ナンバーワンのスポーツ大国中国」を内外にPRし、あらゆる分野で先進国の仲間入りを目指そうとしているのだ。

そのためにはなんでもやる。なにがなんでもオリンピックを成功させねばならないのだ。

オリンピックの開会と閉会イベントは、世界的に注目を浴びる。

そこで、北京五輪組織委員会は、開会式と閉会式の演出総監督に、中国人の映画監督張芸謀《チャンイーモウ》を起用した。張監督はすでに述べたように、国際的知名度をもつ中国映画界の大物だ。同総監督の下に、著名な外国文化人に参加を求め、世紀の大イベントとして盛り上げようとしている。

さらに聖火リレーでは、本土だけでなく、台湾をルートに組み込む計画もあった（計画は消滅）。お祭り騒ぎに紛《まぎ》れて、台湾が中国の一部であることをちゃっかりアピールしようという狙いである。

もちろん実際の競技でも、ライバル国、日本に絶対に負けたくないと思っている。政治分野はともかくとして、経済の分野では、まだまだ日本には追いつけない。そこでスポーツ分野で決定的に差をつけようと考えている。

中国は二〇〇四年のアテネオリンピックでは金メダルを三四個（うち二個は台湾）取った。それに比べて日本は一六個だ。この差をさらに広げようというのだ。

中国はどんなスポーツ種目に強いのか？　以下、アテネオリンピックで金メダルを取った種目を並べてみよう。

●男子

射撃（エアピストル・エアライフル・ライフル三姿勢）、水泳（シンクロ高飛び込み・飛び板飛び込み・高飛び込み）、重量あげ（六二キロ級・六九キロ級）、体操

(鞍馬《あんば》)、陸上(一一〇メートル障害)、カヌー(カナディアンペア)、テコンドー(五八キロ級)、卓球(ダブルス)

●女子

射撃(エアライフル)、水泳(一〇〇メートル平泳ぎ・シンクロ高飛び込み・飛び板飛び込み)、重量あげ(五八キロ級・六九キロ級・七五キロ超級)、カヌー(カナディアンペア)、テコンドー(四九キロ級・六七キロ級・六七キロ超級)、柔道(五二キロ級)、卓球(シングルス・ダブルス)、バドミントン(シングルス・ダブルス)、テニス(ダブルス)、レスリング(七二キロ級)、陸上(一万メートル)、バレーボール

●男女混合

バドミントン(ダブルス)

というわけで、中国は射撃、卓球、バドミントン、バレーボール、重量あげ、水泳、体操などが強いことがわかる。しかしながら、弱い種目も結構ある。とくにサッカーや野球では、日本に差をつけられている。

「（くやしい！　小日本に負けるな。今度はひとつ残らず勝たなければ）」と思うのが中国人。

国家の威信をかけて、メダルの量産を目指しているのが北京オリンピックなのだ。

オリンピックは国民の心を掌握する絶好のイベント

北京オリンピックを是が非でも成功させねばならない、もうひとつの理由がある。

それは、オリンピックが、国民の一体感をつくる絶好の機会だということである。

今、中国の人心は散り散りばらばらだ。社会的な格差、モラルの喪失、汚職腐敗など、問題が噴出しており、国民各層が団結できていない。

社会主義中国というと、一枚岩にまとまっているように思われるかもしれないが、実際はそうでない。中国五〇〇〇年の歴史を見てもわかるように、この国は、キャンペーン（運動）をやらなければ人心がまとまらない国なのである。

中国は歴史的に、ひとつの王朝が衰退するや、国内が乱れ、新勢力が旗揚げして反乱や革命運動が起こる。新たな皇帝が登場し、王朝や政権が樹立されるが、できたばかりの政権は、人心を掌握しなければならず、新キャンペーンを行なう。それがなければ、なかなかひとつに団結できないのだ。

共産党が中国を支配するようになっても、この構造は変わらない。

現代中国の皇帝的存在は、共産党の総書記あるいは国家主席（中国では総書記のほうが、国家主席より偉い）である。彼らは、歴代の皇帝が体制維持をはかってきたように、キャンペーンを張って、政権の維持をはかる。たとえば、毛沢東は、国民の支持を得るために「大躍進政策」などの増産キャンペーンを張り、国民に人気がない江《こう》沢《たくみん》民政権は「愛国主義教育」キャンペーンで国民の心をひとつにしようとした。

というわけで、歴代の政権は、国民の団結に腐心してきたが、なにより効果抜群なのは、言うまでもなくオリンピックだ。自国選手の応援で国民はひとつになり、メダル獲得に一喜一憂する。民族団結の最大の祭典が、オリンピックなのである。

あのヒットラーも、オリンピックを最大限に利用した。ベルリンオリンピックである。

この大会は第二次世界大戦がはじまる三年前の一九三六年にベルリンで開催された。当時の独裁者ヒットラーは、ゲルマン民族の誇りを宣伝する場としてオリンピックをフルに活用した。今では開会前に、ギリシアから開催国まで聖火がリレーされるが、じつはこの行事、ベルリンオリンピックからはじまっている。ヒットラーは、ギリシアからバルカン半島を通って、ベルリンまで、半島各国の国王や青年に聖火を運ばせた。バルカンをナチスの支配下に置こうというバルカン作戦の一環だったのである。

というわけで、中国当局は大いに張り切っているが、心配がひとつある。愛国心を煽るあまり、熱しやすい中国人観客が暴走してしまうのではないかという懸念だ。二〇〇四年のアジアカップ・サッカーでは、中国人サポーターが、相手チームの選手やサポーターに罵声《ばせい》を浴びせ、物を投げつけたり、選手の乗るバスを立ち往生させたりで、国際的な不評を買ってしまった。

そこで今、中国では「文明観戦」キャンペーンが行なわれている。文明観戦というのは、文明人にふさわしく、礼儀正しく試合を見ようという「民度向上」運動だ。これで「中国人は観戦マナーが悪い。民度が低い」という批判に応えようというわけだ。

観戦マナー以外にも、さまざまな「文明」運動が取り組まれている。たとえば二〇〇六年から、公共の場所でタンを吐《は》かないように、ツバを吐いた人には最高五〇元

（約七五〇円）の罰金を科すようにしている。中国人は、ところかまわずタンを吐く。なかば生活習慣化しているので、止めるのはなかなか難しい。そこで、罰金制としたのだ。

中国人の中には、この罰金が払えないほど貧乏な人もいる。そこで、当局は苦肉の策として、払えない人には、周囲の掃除をさせることにした。労働払い制というわけだ。

また中国では、列の割り込みも日常茶飯事、トラブルもしょっちゅうだ。そこで、バスや電車の割り込みをなくすために、北京に三〇〇〇〜四〇〇〇名の監視員を配置することにした。中国も「文明度」アップのために必死なのである。

卓球の福原愛選手は、なぜ中国で強くなったのか

中国は、どうやってメダルを大量に獲得しようとしているのだろうか？

そのために取り組んでいるのが、選手の集中的な強化だ。

中国の選手育成方法は、きわめてシンプル。国家が早期選抜を行ない、集中的に選手を養成する。卓球なら卓球の才能にめぐまれた人材を三〜五歳から探し出し、国家

がすべてを支給して、強い選手をつくり出す。極端にいえば、卓球なら卓球だけを死ぬまでやり続ける。この国家プロジェクトを北京オリンピックが決まった五年前からはじめている。

だから、中国のスポーツチームは日本と違って、すべて国営で、スポーツ選手はみな公務員である。ここが根本的に違う。日本のオリンピック選手は、基本的に民間、アマチュアの選手だが、中国では、全員プロスポーツ選手なのである。

日本ではマイナーなスポーツの選手は、アルバイトなどをして、自弁で練習している。アテネオリンピックの時に、テレビ番組で見たが、女子サッカーチームの代表選手が、スーパーのレジをうちながら選手活動を続けていた。

私は日本でスポーツクラブに通っているが、そこのサウナで、あるマラソン選手に出会った。話してみると、彼はアルバイトしながら、自分のお金でスポーツクラブに通い体を鍛《きた》えているという。中国では、こんな苦労は考えられない。

なぜ卓球の福原愛《ふくはらあい》選手は、中国に来て強くなったのか？

なによりも食べるものが違う。彼女が食べる食事は、オリンピック出場クラスの選手が食べる豪華特別食だ。たとえば五〇人ぐらいの普通の選手がいて、その人たちは標準の食事。ところが数人の選ばれたオリンピック選手は〝オリンピックの台所〟と呼ばれる特別料理を食べる。メニューの内容は天と地ほども違う。価格にして約一〇倍の違いだ。

そして、福原はこの〝オリンピックの台所〟メニューなのである。

だから、福原は強い——というのは冗談だが、こういう特別待遇を受ける世界ランキングクラスの強豪ぞろいの中国選手の間でもまれるから、福原は強いのだ。

中国人は福原が大好きだ。

彼女はインタビューで流暢《りゅうちょう》に中国語を話す。これで、親近感がわく。中国人は、彼女のことを日本人と思わない。中国チームの一員と思っているのである。

この福原と対照的なのが、中国生まれの小山ちれ選手だ。中国名は何智麗《かちれい》で、一九八七年の世界選手権に優勝した。しかし、八八年のソウルオリンピックで、中国代表選手からもれ、そのときの悔しさから日本に渡り、やがて日本人と結婚し、日本に帰化した。

この彼女が日本代表として、中国チームと試合をしたときのことである。

試合後「お前は体だけじゃなく、国の面子《メンツ》（魂）まで日本に売った」「売国賊」「裏切り者」とネットで非難された。

中国人はここまで、勝ちにこだわるのである。

中国で稼ぐにはライバルを蹴落とし、はい上がるしかない

中国選手の強さの秘密はどこにあるのだろう？

多くの中国選手が「国のため、名誉のため」と公式的には答える。しかし、これは国費で育てられているための建て前発言である。ほんとうの理由は、生活がかかっているからだ。オリンピックでよい成績を残せば、将来の豊かな生活が保障される。

中国でいい暮らしをするには、いい学歴か、商売で儲けるか、スポーツで有名選手になるしかない。いい学歴で、役人になる、あるいはコンピューター関連、IT関連の会社に入る。これが、いちばんリスクが少なく着実に出世できる道である。学歴がなくても、商才のある人はビジネスの道を選べばよい。今の中国には、ビジネスで一攫千金《いっかくせんきん》を得た億万長者がたくさんいる。そして運動神経のいい人には、プロスポーツの道がある。

中国でいちばん有名なプロスポーツ選手は、アメリカのプロバスケットで活躍する

姚明《ようめい》選手だ。姚選手は、身長二二六センチというめぐまれた身体能力をいかし、中国のプロバスケットボールチーム、上海シャークスで活躍。二〇〇二年にアメリカ、NBAのヒューストン・ロケッツに、外国人初のドラフト一位で入団。大量得点をゲットして、一躍人気選手になった。彼の二〇〇四年の年収は、なんと一億五〇〇〇万元（約二三億円）である。アメリカでは、毎年オールスターに選ばれる人気選手だが、中国国内でも超スーパースター。彼が出場する試合の中国でのテレビ視聴者は三〇〇〇万人ともいわれている。アメリカ大リーグで活躍している日本の野球選手松井秀喜《まついひでき》より、もっとすごい。

というわけで、子どもをプロのスポーツ選手にしたいという親も多い。

私の妻の姉の女の子は、小学校一年生から水泳の才能をあらわした。現在は、済南《さいなん》市の小学生選手でナンバー四の位置につけている。

義姉は、誇らしげに「がんばればどんどん上にいける。将来は、県、国の選手。そこまで行かなくても、山東省の選手としていい給料がもらえる」と期待している。

先日、中国でテレビを見ていたら、農村の小学校二年生の子どもを、親が毎朝五時に起こして、二時間近くを走らせていた。

テレビ局のレポーターが「農村では、満足な朝食も与えられないのに、ここまで練習させるのは過酷ではないか」と尋ねると、父親は「食えないから鍛えている。これも、子どもをオリンピックの選手にして、いい生活を送るため」と答えていた。

これでおわかりのように、中国のスポーツ選手の元気の素《もと》はハングリー精神なのである。有名選手になればお金が手に入る。高給を稼ぐために、厳しい訓練にも耐えるのだ。

なにしろ中国には、食えない人間が一〇億人もいる。その中から、競争相手を蹴落として、はい上がってくるのだから、根性が違う。

その点、日本人選手は恵まれ過ぎている。ハングリーでない。だから、生きるか死ぬかという大一番の試合に弱いのだ。

中国が室内競技に強く、屋外競技に弱い理由

中国が強いスポーツ種目といえば、バレーボール、卓球、バドミントン、体操などである。ではなぜ、これらの種目が強いのか？

理由は、これらのスポーツが、室内スポーツだという点にある。室内スポーツは、

広大なグラウンド設備や広い競技場を必要としない。だから、屋外スポーツに比べて費用がかからない。そのいい例が、卓球だ。卓球は、室内に卓球台のスペースさえあれば、すぐにできる。昔、中国では、ベッドの板を持ち出して、それを卓球台にしたものである。このように、お金がなくても、設備がなくても、ちょっとした場所と道具があればできるスポーツが、貧しい中国では、まず発達したのである。

バドミントンも同様である。

その反対に、中国が弱いのは、お金やグラウンド設備がないとできないスポーツだ。たとえば野球やサッカー。野球は、大きなグラウンド以外に、ミットやグローブ、バットやボールなど道具にお金がかかる。サッカーも大きなグラウンドが必要だ。

このことは、日本を見ればすぐわかる。日本では、全国各地の広々とした運動場で、大人も子どもも楽しそうにボールを追いかけている。中国には、こうした民間人が楽しめる運動設備が極端に少ない。日本の野球のレベルの高さは、こういった層の厚い野球人口やファン（サポーター）によって、支えられているのである。野球の歴史が浅い中国には、設備も野球人口もないのだから、弱いのも無理はない。

日本はいたるところに施設があるスポーツ大国だ。中国は、ひとつ大会があったら、そのためにひとつスタジアムをつくるというペースでしかない。

二〇一六年のオリンピックに、東京都が立候補したが、石原慎太郎《いしはらしんたろう》東京都知事のセリフがいい。

「日本の底力と成熟都市・東京の存在を世界に対して、はっきりと示す絶好の機会」

「東京には、基本的な施設が、ほとんど整っているから新たにつくる必要がない」

たしかに、東京はスポーツ大都市だ。国際試合が、今すぐにでもできるだろう。残念ながら、今の北京は到底そこまではいっていない。

しかし、中国人は、この点でも日本人に負けたくない。

だから施設面でも、日本に追いつき追い越そうと必死の努力を重ねている。

日本や世界から学んで、最近では、モノレールと直結した新スタジアムをつくったり、新スタジアムにVIPルームを設けたり、試合のないときもレストランを営業したりしている。

なるべく国に頼らず、独立採算性を考え、日本以上のものを完成させようとがんばっているのである。

ドーピングで体がボロボロになった中国人選手

「勝つためにはなんでもやる」――これがオリンピックをひかえた中国の姿勢だ。

私も中国人だから、中国人選手がメダルを取るのは、素直にうれしい。日本に勝つのも、いい気持ちだ。しかし中国が、なりふりかまわず推進しているメダル至上主義には、多くの疑問を呈《てい》さざるをえない。

二〇〇五年一〇月、中国の各紙は「陸上女子長距離界のエース、孫英傑《そんえいけつ》の銀メダル剝奪《はくだつ》」を大々的に報じた。ドーピング（禁止薬物使用）疑惑である。孫は、江蘇省南京市で開かれた、中国全国運動会の一万メートルで第二位を獲得しメダルに輝いた。しかしレース後の検査で、筋肉増強作用をもつアンドロステロンに陽性反応を示したのだ。

孫は、マラソンで世界歴代四位の記録をもち、北京オリンピックでの活躍も期待されていた。それだけに多くの中国国民はショックだった。

私はかつての「馬軍団」騒動を思い出した。馬軍団とは、馬俊仁《ばしゅんじん》コーチに率いられる中国陸上界の優秀選手たちの集団で、一九九〇年代の前半に、世界陸上競技界に旋風を巻き起こした。馬コーチは、遼寧省を中心に、高地トレーニングや漢方の「冬虫《とうちゅう》夏草《かそう》」入りのスポーツドリンクなど、独自の方法で、選手を鍛え、一九九〇年の北京アジア大会で、金メダルを独占し脚光を浴びた。

アトランタオリンピックでも、軍団の王軍霞《おうぐんか》が五〇〇〇メートルで金メダルを取った。しかし、馬軍団は九四年の広島アジア大会でつまずく。この大会で、陸上、自転車、競泳の選手から男性ホルモンの一種、ジヒドロテストステロンが検出されたのだ。

私も知り合いの日本人から「あの筋骨隆々の中国人女子選手は薬物のせいだったんですね」と言われたのを覚えている。これ以降、馬軍団の薬物疑惑は加速していった。

そして、二〇〇〇年のシドニーオリンピックで、決定的事態となった。中国選手団は全員で四〇〇人を上回る選手派遣を予定していたが、直前に陸上一四人、ボート七人、水泳四人、カヌー二人の計二七選手を選手団から外したのである。外された陸上選手のかなりは馬軍団の出身者だった。中国五輪組織委員会は、二〇〇八年北京へのオリンピック招致を目指していた。ここで、薬物疑惑が浮上すれば、招致は危うくなる。それで、あやしい選手を切ったのである。こうして馬軍団はとどめを刺された。

今、中国では、薬物後遺症に悩まされるスポーツ選手が話題になっている。若い頃、勝つためにドーピングを行なったが、引退後、さまざまな弊害が現れている。

「心臓が圧迫されるように苦しい」

「男性のように、髭《ひげ》が生えてくる」

活躍しているときは華やかだが、引退すれば、国に見捨てられ収入も激減するので、多くのスポーツ選手には苦難の人生が待っている。

これも「勝つことがすべて」という、メダル至上主義の悲惨な結果なのである。

スポーツ施設大国・日本

私がうらやましいのは、日本の学校の立派な体育館だ。どんな過疎の町や村に行っても、体育館がある。ところが、中国では都市部はともかく、農村部の学校には体育館がほとんどない。学校はつくれても、体育館までつくる余裕がないのだ。

それに、日本には、一般庶民が楽しめるたくさんのスポーツ施設がある。日本は豊かになるや、運動場や体育館などの公共施設をたくさんつくり、誰もがスポーツを楽しめるようにした。まさにスポーツ施設大国だ。

私は日本で、毎日のようにスポーツクラブに通っている。高級な会員制のスポーツクラブではない。月に一万円ぐらいだから、一日にすれば約三〇〇円で、じつに手ごろな値段だ。だからといって、内容がお粗末ということはない。さまざまなトレーニングマシンやプール、サウナなども整っており、心ゆくまで、心地よい汗を流すことができる。

私がスポーツクラブに通うようになった理由は、仕事が忙しく運動不足になり、体は太るし、ストレスが蓄積する一方だったからだ。クラブで一、二時間汗を流すと、頭はすっきりするし、二四時間分の元気が返ってくる。日本人との交流もできる。一日が充実すると、一年も充実する。スポーツクラブに通える自分は、しみじみ幸せだなと思う。

このように日本にはいたるところにスポーツクラブがあるが、中国はどうだろう。中国にもスポーツクラブがないわけではない。都市部にあるが、数が少なく料金は高い。北京の天安門近くに、有名人が通うクラブがあるが、入会金が高く、一般人はとても入れない。トレーニングマシンも、台湾製のものが多いが、欧米や日本の機器に比べて数段、性能が落ちる。日本では考えられないが、中国ではトレーニングマシンのメーカーが、スポーツクラブも経営することが多い。要するに、マシンをつくっても売れないので、自分でスポーツクラブをつくって、機器を使っているのである。欧米や日本では、ルームランナーなどの体育機器が、一般家庭にも普及している。この点、中国では、まだまだである。スポーツ器具が一般家庭に普及するには、中国では、まだ一〇年はかかるだろう。

現在の中国は、ますます格差が広がる社会になっている。金持ちはさまざまなスポーツ観戦をＶＩＰ席で楽しみ、豪華なスポーツクラブで体を鍛える。だが、国民の大多数は、スポーツどころではない。かくして国民全体の健康は悪化する一方だ。

口ばかりの「全民健身計画」

施設や設備以上にうらやましいものがある。それは、日本の全国民的な健康運動だ。

中国にも国民的な健康運動がないわけではない。「全民健身計画」がそれである。内容は「すべての国民が毎日一回以上のスポーツ健康活動に参加し、ふたつ以上の健康法を身につけ、毎年一回の体位測定を行なおう」というものだ。しかし、しょせん、御上による官製運動で、実際に実行している国民は少ない。

この点、私は、日本の保育園の運動会に参加して驚いた。そこには、家族みんなが参加して、スポーツを楽しむ姿がある。これこそ、全員が参加できる「全民（健康）運動」ではないだろうか。運動会は、日本人が発明した最高のイベントのひとつだ。

このほか、日本には、各種の体育教室や運動クラブがある。我が家の子どもも、体操教室に通っている。長男は「今度は空手をやるんだ」と張り切っている。

こうした日本の進んだ状況からするなら、中国の実態は「全民健康運動」どころか「全民労働運動」と言わざるを得ない。

中国が本当のスポーツ大国になるには、オリンピックを契機に、スポーツを一部の特権階級のものではなく、中国全体の国民的健康運動に広げねばならない。

今の中国には「拝金主義」が満ちあふれている。お金がすべてだ。だからスポーツ選手もお金のために、スポーツに励む。しかしスポーツをすることで、お金で買えないものが手に入る。健康もそのひとつだ。中国は、日本がそうであったように、豊かになればなるほど、全国民が参加できる「全民健身計画」へと向かうべきなのだ。

国境を越えるスポーツの力が日中関係を変える

いろいろ注文はあるが、二〇〇八年の北京オリンピックが、遅れている中国の国際的開明度の改善に役立つことは間違いない。

スポーツには、国境を越える力がある。

これまで中国人は、海外のスポーツの実態について、ほとんど知らなかった。

一八年ほど前、日本のプロレスをはじめて中国に持ち込んだときのことを思い出す。

私は、プロレスラーであったアントニオ猪木とともに日中スポーツ文化交流協会をつくり、一九九〇年に、東北部のハルビンで試合を行なった。

中国人はそれを見て、びっくりした。形相すさまじいレスラーが、くんずほぐれつ、乱闘の末に血まで流す。

「これが、スポーツといえるのか！　流血事件だ」

興奮した観客の通報により、警察が飛んできて、騒ぎを収めた。

中国人の海外スポーツの認知度といったら、その程度のものだったのだ。

しかし二一世紀に入った今の中国人は大違いだ。

海外のスポーツに大きな関心をもっている。もともと騎馬民族の血が流れている中国人は、格闘技が大好きだ。だから今、中国では、日本の空手や韓国のテコンドーが大流行。K-1もテレビで生中継され、すごい人気となっている。

まさに、スポーツは国境を越える。中国がスポーツ〝後進国〟と言われるのも、こうした海外との交流が少なかったことが大きい。

たしかにスポーツは、場合によっては、アジアカップ・サッカーのときのように、日中両国民の間に対立を生むこともある。しかし、国際友好や親善の上で、大きな効果をあらわすのもまたたしかだ。そのいい例が、二〇〇二年、日韓で共同開催されたワールドカップ・サッカーだ。このとき、日本と韓国はライバルでもあったが、ともにアジアのチームとして健闘した。赤いユニフォームの韓国人サポーターと青いユニフォームの日本人サポーターが、ともに肩を組んで、互いのチームを応援する光景が、日韓のそこここで見られたのだ。

日韓中のサッカー交流が推進されている。

二〇〇六年の三月、日本サッカー協会の川淵三郎《かわぶちさぶろう》キャプテンは、北京オリンピックに向けた、日本、中国、韓国三ヵ国の五輪代表（U―21）によるサッカーの交流試合構想を発表。これは、二一歳以下の若者による、ホームアンドアウェー方式で、交流試合を一年ごとに行なう計画だ。実現されれば、多くのサポーターが、各国を相互訪問することになる。この交流試合は、若者どうしが理解を深めることに大いにプラスになるだけでなく、冷えきった日中韓の外交関係の好転にもつながるだろう。

政治が一〇年かかって実現できないことでも、スポーツなら、一日で解決してしまうこともありうるのである。

第五章　中国軍の本当の実力

——見せかけ軍事大国vs.先端兵器大国

中国人は日本の「自衛隊」を恐れている

「日本の自衛隊はサラリーマン軍隊。それに六〇年間、戦争での実戦経験がない。だから、かなり弱い。軍事的脅威のはずがない」と日本人は言う。

だが中国人は、この話を信じない。

なぜなら中国人は「日本の自衛隊＝軍隊は、強くて恐い」と思っているからだ。

なぜか？

まず、その近代的装備だ。潤沢《じゅんたく》な国防予算で、すべての兵器を近代化している。

中国は近代戦においては、先端技術兵器が決定的な力を発揮するということを、過去の経験から、骨身にしみて知っている。

中国は、一九五〇年の朝鮮戦争までは、ずっと人海戦術主導で戦闘を行なってきた。毛沢東《もうたくとう》と社会主義精神で〝武装〟した強力な人民解放軍である。しかし朝鮮戦争で、近代技術と武器に優れたアメリカ〝資本主義〟軍に、三八度線まで押し返された。

これを機に、中国軍は近代化路線に変わっていく。

戦争を指導した毛沢東は朝鮮戦争で、兵士であった長男を亡くしたうえ、近代軍事技術の最高峰ともいえる核爆弾の脅しにより、和平を余儀なくされた。

毛沢東は「日本はアメリカに原爆二個を落とされ、すぐに白旗を振って降伏した。もしここで、中国がニューヨークやワシントンに原爆を落とす力を持っていたら、戦争に勝てたのに」と悔やんだという。

それ以来、毛沢東は、中国の核兵器開発に懸命となった。

この話を日本人にすると「今の日本に核兵器はない。所有も禁じられているから心配ない」と反論する。

たしかに今の日本は、平和憲法に縛られ、核を持っていない。だが、それをつくり出す技術は、しっかり持っている。これが中国には恐い。

日本のハイテクノロジーはすごい。超世界級だ。すぐに軍事に転用できる。

日本の造船技術も世界一。いい軍艦がすぐにつくれる。飛行機も同様だ。

日本の一流企業である三菱重工や富士重工業などが、かつて優秀な軍事技術を保有していたことを、中国人は決して忘れていない。

日本の科学技術をもってすれば、たちまちのうちに高度な装備を持った軍事大国が誕生すると中国人は信じている。それゆえに、軍事的な動きに神経をとがらせ、日本がその方向に向かうことに、しつこく警告を発するのである。

不屈の負けじ魂を持つ日本人

二〇〇六年三月、日本はWBC（ワールド・ベースボール・クラシック）の世界チャンピオンとなった。決勝戦の日本対キューバ戦の日本のテレビ視聴率は、うなぎ上り。最高時には五六パーセントに達した。じつに、日本の全国民の半分以上が試合を応援していたことになる。

日本チームの中心となったイチロー選手には「愛国心が湧いた、がんばれ」「感動をありがとう」などの言葉が寄せられ、彼は国民的ヒーローとなった。

日本中が喜びに沸いた。しかし、これを見る中国人や韓国人の思いは複雑だ。

日本―韓国戦を前にしたイチローが「向こう三〇年は日本には手が出せない。そんな感じで勝ちたい」と発言し、韓国人はカチンときた。後発で野球をスタートさせた韓国人にとって「韓国が日本に勝つには、まだ三〇年は早い」という〝妄言《もうげん》〟に聞こえたからだ。

中国人にとって、このイチローの発言以上にショックだったのは、日本が世界のベースボール強豪国アメリカやキューバをだし抜いて優勝したことだ。

「アメリカが世界でいちばん強いはずの野球は、日本の国技でもなんでもない。それなのに、日本が世界一になった。この力はなんなのだ。だから日本人は恐い」

こう中国人は考えてしまう。

中国人は、ものごとすべてを政治的に考える民族だ。日本人はサッカーにしても、バレーボールにしても純粋にスポーツとして見ているが、中国人はそうではない。

たとえば、東京オリンピックの頃の日本の女子バレーの活躍だ。鬼の大松監督の猛特訓はすごかった。大松監督が至近距離からボールを選手たちにぶつける。選手たちは根性で、倒れても倒れてもボールを拾う。こうして、東洋の魔女軍団は、すばらしいチームプレーを展開し、宿敵ソ連を打ち破りみごとに優勝を飾った。このときのテレビ視聴率は八五パーセント。ＷＢＣの決勝戦よりすごかったのだ。

私は子どものときに、この女子バレーを中国のテレビで見た。

そのとき、まわりの中国人の大人たちは「あの力があるから、日本軍は強いのだ」と驚嘆していた。

なにがすごいかというと、不屈の負けじ魂とチームプレーだ。

このふたつを兼ね備えた軍隊は、無敵となる。

中国人はスポーツでも漫然《まんぜん》とこれを見ているのではない。ひそかに、ライバル日本の潜在能力の高さを探っているのである。

経済力と組織力が強い軍隊を生む

中国の総人口は約一三億。これに対して日本の総人口は、二〇〇六年にピークに達して約一億三〇〇〇万といわれる。中国は日本の約一〇倍の人口をもっていることになる。ところが、これが、経済力となると逆転する。

二〇〇四年の日本のGDP（国内総生産）はアメリカに次いで、世界第二位で、約四兆六〇〇〇億ドル。これに対して中国は世界第六位で一兆九〇〇〇億ドルあまり。

つまり経済力では日本の四〇パーセントほどなのだ。

中国は人口が多いので、これを一人当たりGDPにしてみると、差はさらに広がる。日本は約三万六〇〇〇ドル、中国は約一五〇〇ドルなのだ。近年、中国は一人当たり一〇〇〇ドルを突破してようやく中進国の仲間入りをはたしたが、それでも日本の約二五分の一なのだ。

近代の戦争は、兵器と金銭の消耗戦《しょうもうせん》ともいわれる。数億円のミサイルや飛行機が一瞬のうちになくなるし、兵器開発や軍隊の維持には莫大な金がかかる。

ありあまる日本の絶大な経済力が、これを支えて中国の前に立ちはだかる。その脅威を中国人は、ひしひしと感じているのだ。

日本経済を支える企業の強さは資金力だけではない。その組織力にも示される。現在、中国に進出している日本企業の数は約二万社。この日系企業で働く中国人の数は、約一〇〇〇万といわれている。

この一〇〇〇万人の中国人は、日々、目の前で、日本人「会社員」の組織への忠誠心を目の当たりにする。中国には「三人の日本人が寄れば力になる。三人の中国人ならバラバラになる」あるいは「日本人は鋼、中国人は砂」という言い方がある。

日本人の組織力の強さと中国人の組織力のなさを言い得て妙である。

中国人は、非常に個人主義が強い。仕事でも「いかにしたら自分の評価があがるか」を考えながら働く。

これに対し日本人は、自分の利益よりも、組織としての目標や利益を常に優先させる。

これは、ビジネスにとってもだが、軍隊では決定的に重要だ。

軍隊では、個人的なことより、組織の利害が優先される。組織に対する絶対的忠誠心をもつのが〝よい〟兵隊で、あれやこれや文句をいうのは〝悪い〟兵隊である。命令一下、作戦をただちに実行に移すのがいい軍隊なのである。

日本人の実行力は抜群だ。

日本の本社から命令が入れば、日本人会社員はすぐに行動を起こす。

日系企業にいる中国人は、毎日、日本人会社員の厳しい管理（労務管理）や仕事のやり方を見聞きする。そして「日本の会社は、軍隊とそっくりだ」と思う。中国で、厳しい規律と訓練を課しているのは、軍しかないからだ。

だから、中国人は、日本人の組織力、団結力、実行力が死ぬほど恐いのである。

戦争を煽る中国人と日本人

どこの国にも戦争を煽《あお》る人々はいる。中国では、一部の軍人や過激派憤青などである。

二〇〇五年に発行された中国の雑誌『世界軍事動向』は「日本拉致美国――日本欲突破核武禁区」というタイトルの記事を載せている。日本はアメリカのミサイルを利用して核の禁止状態を破ろうとしているという意味である。雑誌の中では「自衛隊到自衛軍　毀滅離日本又近了」（自衛隊から自衛軍になると戦争が近づき、日本の壊滅もそろそろ近くなる）と物騒なことを言っている。

「日清戦争を忘れるな！」と言う中国の軍人もいる。

一八九四年の日清戦争で中国は負けた。そして一九三七年に日中戦争がはじまっている。この間約四〇年。そして、日本が直接、戦争に加わったわけではないが、経済的に米軍に深く加担した朝鮮戦争が勃発《ぼっぱつ》したのが一九五〇年。それから五八年が経過している。

そして二〇〇四年、日本はイラクに自衛隊を派遣した。これを見て「日本の軍事力は完全に復活した」と考える中国軍人も多い。

日本人は「日本はこの六〇年間、戦争を引き起こしていない」といばるが、中国人は「日清戦争と中日戦争の間は約四〇年。六〇年たてば、いつ戦争が起こっても不思議ではない」と考えるのだ。中国人はこの六〇年間、ロシア、ベトナム、インドなど隣国と争いを続けてきた。戦争を起こしやすいのが人間だと中国人は考える。

二〇〇五年一二月、日本では、戦艦大和の最後を描いた『男たちの大和／YAMATO』が公開された。中国では、すぐに「今なぜ戦艦大和なんだ?」という批判が巻き起こった。

以前には、特攻隊を描いた映画もあった。中国人は、こうした動きは軍国主義の復活ではないかと強く疑う。

日本でも「反中国」を声高に叫ぶ人が登場しはじめている。

右翼や一部の政治家たちである。たとえば石原都知事は、日中の領土問題でもめている尖閣《せんかく》諸島（中国では釣魚島）にからんで次のような発言をしている。

「いま日本がなすべきことは、尖閣諸島に自衛隊を常駐させることです。海上保安庁ではなく、武装した自衛隊を駐留させて尖閣諸島の実効支配を進めることが、中国に対する我が国の明確な意思表示になる。……日本の領土、領海なのだから、自衛隊を送ることは国際的に全く問題はない。もし中国の艦船が領海内に侵入し、警告しても退去しないならば、撃沈すればいい」（週刊文春二〇〇五年五月五日・一二日特大号）

明らかに戦争を煽る内容である。

石原都知事はかなりしたたかである。今の憲法では、日本は他国への侵略戦争は禁止されているので、アメリカを巻き込めばよいという。

「中国との摩擦《まさつ》が生じて紛争が起きたならば、日米安保に則《のっと》ってアメリカが出てくるだろう。……アメリカは世界戦略上、沖縄の基地を手放すわけにはいかない。ならば日本はアメリカに恩を売りつつ、バーターでアメリカを日本の対中国戦略に巻き込むべき……」(週刊文春二〇〇五年五月五日・一二日特大号)

アメリカ軍の力を利用して中国に勝つという、虎の威を借りる作戦である。

「中国がいくら軍事力を増強しているといっても、米軍の誇る最先端技術にかなうわけがない。アフガン戦争で駆使されたピンポイント爆撃を目の当たりにして中国は、固唾《かたず》を飲んだ。また、米軍は二年ほど前に、潜水艦発射弾道ミサイル『トライデント』を搭載していた原子力潜水艦を改良して、巡航ミサイルの『トマホーク』を発射できるようにしています。その改良した原潜四隻《せき》のうち二隻は東シナ海に配備されている。巡航ミサイルは核兵器ほど破壊力はないが通常兵器だけに使いやすく、ひとたび撃ち合いになれば中国は防ぎようがなく、(内陸部にある)三峡ダムも北京も破壊されるだろう」(週刊文春二〇〇五年五月五日・一二日特大号)

石原都知事の発言は、二〇〇五年四月に起きた中国の「反日デモ」にも刺激され、「北京オリンピックボイコット」にまでエスカレートしている。

戦争を煽る人々は、今のところ、日本でも中国でも多数派ではない。しかし、熱しやすい青少年に大きな影響力を持つだけに、そう簡単に見のがすことはできない。

中国は本当に軍事大国なのか

中国の軍事的脅威について、よく指摘されるのは、中国の軍事予算がこの一八年間、連続で二桁増を示して急膨張《ぼうちょう》していることである。二〇〇五年度の国防費は二四四七億元（約三兆七〇〇〇億円）で、たしかに前年比、約一三パーセントの伸びを示している。

だが、日本の国防予算と比べてみれば、どうだろう。二〇〇五年度の日本の国防費は四兆九〇〇〇億円であり、中国の約一・三倍なのである。

中国の国防費は、実際は政府発表の二～三倍はあるという説もある。しかし仮にそうだとしても、中国の人口は日本の一〇倍あり、国土は二六倍の広さである。これだけの人口と領土を守ろうとすれば国防費は膨らむ。こうした事情を勘案すれば、中国の国防費が、日本より大きいとはいえないだろう。

では、軍事装備の規模はどうだろう。

中国の人民解放軍は総兵力約二三〇万人（二〇〇四年）、これに対して日本の自衛隊は約二四万人。中国は日本の九倍以上の兵員を持つわけだ。

陸軍の装備は戦車約二〇〇〇両、ヘリコプター四〇〇機。

海軍は艦艇約七五〇隻、約九〇万トン。

空軍は戦闘機二〇〇〇〜三〇〇〇機。

これに対し日本の自衛隊は、

陸上自衛隊は戦車約一〇〇〇両、航空機五〇〇機。

海上自衛隊は艦艇約一五〇隻、約四〇万トン、航空機約二〇〇機。

航空自衛隊は戦闘機約四〇〇機。

数だけ比べれば、中国軍が二〜五倍で圧倒的に日本を上回る。

だが、こうした軍事力比較は、ほとんど意味がない。

なぜなら、中国軍の武器はほとんどが旧式で、自衛隊の最新鋭の武器と比べれば、著しく性能が落ちるからだ。

その典型例が海上自衛隊のイージス艦だ。

イージス艦とは、半径数百キロの範囲を捜索できる高性能レーダーで、敵のミサイル発射を探知し、コンピューターを連動させ、自艦からミサイルを発射して、敵のミサイルを撃ち落とす電子制御の最新鋭護衛艦である。

現在イージス艦を保有するのは、アメリカと日本、スペインなどわずか。中国も索《さく》敵《てき》しミサイル発射ができる艦艇を持つが、精度は著しく低く、比べようもない。

今から五〇年ほど前、私の父は中国海軍の最初の潜水艦部隊の隊員になった。海軍経験は三〇年ほどで、エンジンなど機械部門を担当する技術将校だった。

その父が北海艦隊について「一九六〇年代の潜水艦で、どうしようもなく古い」と言っていたのを覚えている。中国海軍はほとんどがロシア軍のお古の艦艇を使用している。潜水艦も同様だ。なんと五〇年前の船が今も現役で働いている。

父は、生前、日本にもよく来ていたが、日本の海上自衛隊の艦船を見るたびに「海自の船は優秀だ。中国はとても勝てない」と言っていた。

これが軍事大国、中国の実態なのである。

軍事脅威といっても、中国人からすれば、はなはだ頼りないものなのだ。

「でも中国には、日本にない、核弾頭や長距離弾道ミサイルがあるじゃないか」と日本人はいうかもしれない。たしかに、日本にはない核弾頭や弾道ミサイルが中国にはある。中国政府は発表していないが、核弾頭を装備した弾道ミサイルは約一〇〇基ともいわれる。

これらはたしかに、日本にとって脅威である。しかし現在日本は、北朝鮮や中国の動きをにらみ、アメリカと協力してミサイル防衛網をつくろうとしている。これは、敵のミサイルをレーダー網で探知し、着弾前に撃ち落とすもので、次世代ミサイル防衛システム（ＭＤＳ）と呼ばれる。まずイージス艦から発射した迎撃ミサイルで迎え撃つ。次に撃ち損ねたミサイルを地対空誘導弾パトリオットで狙うという二段構えの防御システムだ。イージスＭＤＳの構築費には、開発費を含めて総額一兆円以上かかるといわれているが、近々、配備の予定という。経済大国日本ならば十分に可能だろう。

そしてこれが出来上がれば、中国の脅威は大幅に削減されるであろう。

中国の軍隊は弱くなっている

日本の自衛隊は、隊員募集をしても、なかなか人が集まらず困っているらしい。ところが中国の人民解放軍はその逆で、人が集まりすぎて困っている。なぜか？

今の中国は就職難だ。大学を出ても簡単には就職できない。親としては、家でぶらぶらさせるよりも、子どもを軍隊に入れれば補助金は出るし、車の運転や通信の技術、パソコン操作などが身につく。それに、しつけもできる。命令を聞くし、気配りができ、人間がしっかりする。さらにプラスなのは、軍隊を出れば、すぐに就職口が見つかる。中国は今、マンション建設ラッシュで、どのマンションにも警備員が常駐している（治安の悪さもある）。青島のマンションは、九割が警備員つきだ。軍隊経験があれば、すぐに雇われる。

というわけで、中国の軍隊は人気がある。ところが、以下で述べるように、最近の軍は、人数を減らそうとしている。だから、なかなか入隊できない。そこで募集窓口である人民武装部の隊員に賄賂《わいろ》を渡して、入隊しようとする者も多い。私の聞いたところでは、男なら一万元（約一五万円）、女なら二万元（約三〇万円）の賄賂が必要だという。女の金額が高いのは、軍隊はあまり女が必要でなく、募集人数が男より少ないからだろう。

だが、こうした不純な動機で入隊した兵士の軍隊が強くなるだろうか？ おまけに今の中国は一人っ子政策でわがままな若者が多くなり、上官の命令に素直に従わない者も多い。

人民解放軍は、自衛隊と同じようなサラリーマン軍隊になりつつあるのだ。

資金難にあえぐ中国軍

中国の人民解放軍は、二〇年ほど前は約四〇〇万人いた。それが、今は二三〇万人だ。およそ半分になっている。なぜ、そんなに大幅なリストラをするのだろうか。

理由は簡単だ。人件費がかかりすぎるのだ。四〇〇万人もいたら、給料だけでも大変な額だ。装備もどんどん古くなる。新式の兵器を購入しなければならない。ところが戦闘機一機で約一〇〇億円もする。

武器の近代化には莫大な額の資金がいる。そこで、いちばん手っとり早いのが兵員の削減だ。かくして大幅なリストラが実施され、現在も進行中だ。

だから中国の軍隊は貧乏だ。

私は子ども時代、軍人の家で生活してきたのでよくわかる。八〇年代まで軍の生活はほとんど社会主義制度による配給制だった。それも「自力更生」のスローガンの下、自給自足であった。魚、米、豚肉など、すべて軍内で生産して、それを配給したのである。やがて、資本主義制度が導入され、配給制がなくなった。食料費も国防予算のなかから賄《まかな》わなくてはならないが、ほかに武器購入費、軍事訓練費、施設費、武器研究開発費などもある。

そこで、「独立採算制」と「民営化」が叫ばれ、軍も自分で稼ぐようになっていった。青島の北海艦隊には、軍の造船所が四、五ヵ所あったが、すべて民間企業になった。

軍付属の軍需産業も、民営化した。

最近、日本で、三九製薬という漢方薬の会社が、若い女性消費者をターゲットに漢方サプリメントを売りだして話題になったことがある。じつはこの三九製薬、もともとは、人民解放軍の一部門で漢方薬をつくっていた。五年前、軍から切り離して、民間企業になった。それがやがて大きくなり、日本の製薬会社などを買収して、日本市場に進出したのである。

当時、三九製薬がまだ軍の一部門として稼いだ頃には、一年間の収入で、ひとつの軍団が維持できるといわれた。それが今は完全に民間企業になってしまったので、そういうお金も入ってこない。軍の財布はまことに厳しいのである。

最近の北京では、退職軍人のデモがよく行なわれる。リストラで多くの軍人が辞めたが、退職金が満足に支払われないのだ。また軍人には社会保険制度がまったくない。それで、憤懣《ふんまん》が爆発している。ことほどさように、中国の軍隊にはお金がない。

これが軍事強国の貧しい内実なのである。

日本は中国とアメリカのどちらに顔を向けるのか？

中国にとって最大の脅威国はどこなのか？

もちろん日本ではない。

それは台湾であり、それを直接的に支えるアメリカである。

そのことは、七〇〇基以上のミサイルが、台湾海峡の中国側沿岸に台湾に向けて配備され、ほとんどの大陸間弾道弾の矛先がアメリカに向けられていることでもわかる。

中国は、台湾は自国の領土であり、絶対に独立は許さないと強く主張している。香港のような一国二制度でよいし、大幅な自治を認めるから、平和的に中国に復帰せよと提案している。しかし現在の台湾政権は「独立派」陳水扁《ちんすいへん》が握り、これを拒否している。ということは、談判が決裂し、戦争が勃発する可能性がかなりあるということだ。

こうした事態を想定して、現今の中国の軍事体制はつくられている。

北京軍区以外に、中国国境地帯には六つの軍区がある。

成都《せいと》軍区（四川《しせん》省）――インド、パキスタン向け

済南軍区（山東省）――日本、韓国向け

南京軍区（江蘇省・浙江《せっこう》省・福建省）――台湾向け

広州軍区――ベトナム、東南アジア向け

蘭州《らんしゅう》軍区――モンゴル、パキスタン向け

瀋陽《しんよう》軍区――ロシア、北朝鮮向け

今中国が力を入れているのはもちろん、南京軍区である。

台湾との戦争（台海戦争）が勃発すれば、すぐに問題になるのは、アメリカ軍の動きである。アメリカ軍が動くとなれば、どこから動くのか。それは、距離的にいちばん近い、沖縄の米軍基地ということになる。

アメリカ軍が出動すれば、日本はどうするのか。当然、周辺事態法により、日本はアメリカを後方支援することになる。

というわけで、台海戦争が起これば、最初に動くのは南京軍区で、その後、アメリカと日本の動き次第で、済南軍区、広州軍区も連動するということになる。

沖縄の米軍が、中国本土を爆撃する事態にでもなれば、当然、中国としては、沖縄の米軍基地を叩くということになる。ところが、米軍基地は日本の領土の中にある。このからみで、日本は中国の敵となるのである。

ここに、双方の国が脅威となるかどうかのカギが隠されている。

日本は、アメリカと軍事同盟を結んでいるし、日本の歴代の首相は、年がら年中、アメリカの顔色をうかがっている。アメリカに顔を向けっぱなしなのである。

日本はアメリカとパートナーシップを組むのでなく、この顔を、もっと中国やアジアの国々に向けたらどうだろう。

一八九七年（明治三〇）、日本に来た中国人革命家章炳麟《しょうへいりん》は、日露戦争での日本の勝利を見て次のように言っている。

「わが中国の目と鼻の先にある日本は、アジアで唯一の頼れる国である。われわれがともに助け合えば、遠くは欧米、近くはロシアの進出を阻《はば》み、太平洋は安全となるだろう」

今から一〇〇年以上も前に、革命家がこう言っているのだ。

私も日本と中国が、ともにアジアの友邦として助け合えば、双方の軍事的脅威はたちどころになくなると信じている。

第六章　追いつき追い越すためにはなんでもする
——公害・偽物大国vs.環境・経済大国

起こるべくして起こった反日デモ

二〇〇五年四月、中国で反日デモが大爆発した。しかしながら、このデモは突然起こったのではない。日本人は唐突《とうとつ》の感をもつかもしれないが、中国人からすれば、これは起こるべくして起こった事件なのである。

事件の予兆はあった。四月以前から、中国全土に、自然発生的に日本製品ボイコット運動が静かに広まっていたのである。

中国の経済が発展するにしたがい、中国人には自信が出てきた。それまでは、日本人に教えてもらわなければ、立派な製品はつくれなかった。しかし、一〇年、二〇年教わるうちに、自分たちだけでも製造できるという自信が育ってきた。さらに、このままではせっかく育った自国の製品が、優秀な日本製品にやられてしまうという懸念《けねん》も出てきた。

中国人はプライドと愛国心が強い国民だ。

それでネットなどを通じて、国産品愛用・日本製品ボイコットの運動が燎原《りょうげん》の火のように広がりはじめた。そこへ起こったのが二〇〇五年三月下旬のアサヒビール事件だ。

中国東北部の吉林省の長春《ちょうしゅん》市などで、アサヒビールの不買運動が起こったのである。

このことは日本ではあまり知られていないが、中国では誰でも知っていることだ。アサヒビールの中條高徳《なかじょうたかのり》名誉顧問が「新しい歴史教科書をつくる会」の会報に「靖国神社を参拝しない政治家に、政治にあたる資格はない」という趣旨の文章を発表した。中国では「新しい歴史教科書をつくる会」は、戦争の歴史を歪め、日本の軍国主義を賛美する教科書を作成したことで知られる。だから、これに肩入れする中條氏およびアサヒビールに対して、けしからんという抗議運動がはじまった。

長春市内の大型スーパーマーケットや日本料理店などで、アサヒビールの販売量が減少し、アサヒビールの製品を棚やショーケースの目立たない場所に移したり、販売を取り止める動きが報道された。

この動きを受け、四月一日、中国のチェーンストアの協会である中国連鎖経営協会理事会が「南京大虐殺《ぎゃくさつ》」「従軍慰安婦」「七三一細菌部隊の罪」などを削除した〝改悪〟歴史教科書を支持している日本企業名をあげて「日本製品ボイコット建議書」を発議した。

「日本企業の生産する製品を断固としてボイコットしよう。これらの製品を売り場からきっぱりと撤去することで、私たち中国民族企業の態度を表明しよう。愛国精神のある、良識のある消費者は私たちの行動を理解し、支持してくれると信じている。私たちの尊厳のために、私たちの子孫のために、みんなで立ち上がろう」

この時あげられたのが、アサヒビール、三菱重工、日野自動車、いすゞ自動車、住友生命、味の素、東京三菱銀行、清水建設、中外製薬、大成建設である。

さらにこの動きに、火に油を注ぐような結果をもたらしたのが、三月のアナン元国連事務総長の「国連憲章の旧敵国条項（日本やドイツ）は、もはや時代に合わない。現在の枠組みにふさわしい国連改革がなされなければならない。常任理事国五ヵ国（米英仏露中）と非常任理事国一〇ヵ国（任期二年で再選不可）の計一五議席からなる現状の安保理を拡大したい」という発言である。これは、あきらかに、日本やドイツの存在を意識した発言で、日本の安保理常任理事国入りに道を開く発言だった。

中国は、過去の戦争で、日本の大国化を極端に恐れている。

このアナン発言は、中国人の〝反日〟感情に火をつけた。

こうした動きから、大国日本への恐れや不信が高まり、四月の反日デモが爆発したのである。まさに、火のないところに煙は立たないのである。

なぜ中国にコピー製品があふれているのか

「ＳＨＡＲＫ」「Ｃａｏｎａ」「ＳＱＮＹ」と言ったら、なんのことかおわかりだろうか？　そう「ＳＨＡＲＰ」「Ｃａｎｏｎ」「ＳＯＮＹ」の偽物《にせもの》商品の商標名なのである。

今や、中国にはこういった、偽物コピー製品があふれている。

コンテンツ海外経済促進機構調べでは二〇〇五年に押収された海賊版はＤＶＤなど二五一万点、三二億円以上に及ぶ。中国政府の発表でも、二〇〇四年度の偽ブランドの商標権侵害件数は約五万件。一日約一四〇件ペースというすさまじさだ。

日本企業は大きな損失をこうむっている。国家検査局が二〇〇一年から二〇〇四年にかけて、取り締まったブランド品の損害額は少なくても一三七〇億元（約二兆円）とされる。二〇〇五年、広東省で資生堂が受けたコピーの被害額は四〇〇〇万元（約六億円）といわれる。

なぜ、中国には偽物があふれているのだろうか？

「それは、中国が外国の先進技術に三〇年遅れて出発したからです。この時間差はすぐには追いつけない。だから、コピーせざるをえない。大きな声ではいえないが、われわれだって最初は、北京の工業製品展示会場に夜忍び込んで、日本製品を次々にコピーした。そこから出発したのだ」

中国のある大手家電メーカーの経営者がまじめな顔でこう語る。

日本に遅れて出発した中国は、追いつき、追い越すために、先進日本の製品をコピーせざるをえなかったのだ。

昔の中国人は日本に行くと、同じおみやげを二個買った。一個は自分用、あとの一個はコピー用だ。

さらに次のようなコピー方法も横行した。

海外のメーカーは、製造工場を中国に持つことが多い。たとえば、ある海外メーカーが中国の工場に一〇〇〇個の製品を注文したとする。その場合、工場は二〇〇〇個生産してしまう。一〇〇〇個は海外の本社に納め、あとの一〇〇〇個は中国国内に横流しするためだ。

この場合、正確にはコピー品ではない、本物なのだが、値段は格安で売られる。

こうして中国は、偽物をつくりながら、日本などの先進大国に懸命に追いつこうとしている。かなり差は縮まってはいるがまだまだ。それで、いぜんとしてコピーは横行する。

たとえば携帯電話。「われわれは国産の最新型携帯を開発した」と発表する中国の会社がある。ところがよく見ると、外側のカバーはたしかにオリジナルだが、中身はメイドインコリアかメイドインジャパンのコピー品なのである。

中国人は金持ちから貧乏人までブランド品が好きだ。

中国の青島にはこんな言葉がある。

「一流のリッチマンはブランド品を買いにジャスコ（日本のスーパー）へ。二流の人はカルフール（フランスのスーパー）へ。三流の人はウォルマート（アメリカのスーパー）へ。四流の人は国産スーパーへ。五流の人は道端の店へ」

中国では道端で、ソニーのウォークマンやナイキの帽子が手に入る。もちろん偽物だ。

というわけで、車の部品、工業機械、バイク、化粧品、デジカメ、音楽ＣＤと、ありとあらゆるコピー製品が中国にはあふれている。

最近では、メイドインチャイナと銘打たないで、メイドイン非チャイナと銘打ったら売れたという。笑い話ではない、実際の話である。

コピー製品の対応に苦慮する日本企業

コピー製品の氾濫を、これまで中国は、かなり野放しにしてきた。先進国に追いつくまでは、ある意味でやむを得ぬと黙認してきたのだ。

しかし、国際大国になるにしたがって黙視できなくなってきた。二〇〇八年のオリンピックが、目前になってきたこともあるだろう。

中国の国家知的財産局副局長の知人は「今の中国には、わけのわからない偽物商品があふれすぎている。市場は大混乱だ。これ以上、放置できなくなった。当局は、取り締まりを一段と強化するつもり」と決意を語っている。

この発言からもわかるように、今後は、かなり厳しい取り締まりが行なわれると考えてよいだろう。これまでは、三月一五日のコピー商品追放の日を中心に、年数回の取り締まりであったが、これからは特定の日というより、抜き打ち的に取り締まる、とこの知人は語っていた。

違反者に罰を与える法的整備も、少しずつではあるが進んでいる。日本企業も黙って見ているだけではない。

最近では、知的財産保護のための現地駐在員を中国に置き、偽物を見つけ次第、訴訟に持ち込むようにしている。以前は、中国の法整備が不十分であり、裁判に持ち込んでも、日本企業に有利な判決はほとんど得られなかったが、ここ数年、状況はかなり改善されつつある。

自動車や二輪車を生産するホンダは、そんなコピー対策の先駆けといってもいい。ホンダは二輪車のコピーで長年、苦汁《くじゅう》をなめてきた。そこで、北京事務所にコピー対策専門の部署を設置し、違反を発見すると、ただちにその企業に警告し、応じなければ行政に通報することにしている。この数は、毎年一〇〇件以上にのぼるという。そして、それでも応じなければ、訴訟を起こす方針だ。

資生堂や松下電器などでは、調査会社を雇って、偽物を発見する作戦をとっている。

じつは、コピーを行なっている個人や組織は黒社会（マフィア）と結びついていることが多い。だから、現場摘発は危険なことも多い。というわけで、公安警察出身者が探偵を務める専門の調査機関に依頼し、コピー現場の発見や流通経路、販売元の割り出しをまかせていることが多い。

日本のメーカーが連携して、協同告発する例も出ている。二〇〇二年には、日産、トヨタ、ホンダなど六社は、車のフロントガラスなどに偽の商標を付けた自動車部品メーカーの工場を告発している。

あの手、この手で抵抗する中国

では、コピー商品は減っているのか？

「上に政策あれば、下に対策あり」というのが中国人。いたちごっこであり、ほとんど減っていないのが実状だ。

ひとつには、罰金が安過ぎる。罰金は、押収金額の三倍以下というきまりなので、たいしたことはない。だから、ひとつが摘発されても、すぐに新手のコピー品が現れる。

さらに、国産品保護という名目で、中国側はあの手、この手で対抗してくる。

たとえば、ホンダは二〇〇三年に外観がホンダのSUV車にそっくりだというので、河北省の車のメーカーを北京で告訴した。ところが、その裁判がいつのまにか、北京から河北省の裁判所に移されていた。なぜか？　現地のメーカーは、雇用関係などで地元と結びついている。地元の裁判所で裁けば、地元のメーカーに有利な判決を下す可能性が高い。それで、裁判を地元へ移管させたのである。こうした場合、裁判ではまず勝てない。

二〇〇五年一二月、ソニーをめぐって〝奇妙〟な事件があった。

浙江省の工商行政管理局が、ソニーのデジタルカメラ六機種に、自動露光補正装置やホワイトバランスなど品質に問題があるとし、販売停止命令を出した。奇妙だというのは、不合格になったのはパナソニックやサムスンなど他の日本メーカーや韓国メーカーの製品一三機種もあったのに、なぜかソニー製品だけが販売停止処分になったからだ。

〝奇妙〟なことは、もうひとつある。これが報道された二日後に、ソニーが反論もせず、早々と、この処分を受け入れたことだ。

この報道を聞いたとき「ソニーは狙い撃ちにされたな」と私はピンときた。

ソニーはデジタルカメラの分野で、中国国産メーカーを抑えてシェアトップだ。たまたま不具合の製品が見つかり、それを有力な材料として、国産品擁護派の役人がソニー叩きに転じたのが、おそらく真相だろう。

背後には「反日」感情があるのも否《いな》めない。

さらに、もうひとつピンときたことがある。それは同じ浙江省で起こった、自動車のコピー問題だ。これはトヨタ自動車が、二〇〇三年に地元の吉利《ジーリー》集団の商標がトヨタの商標に似ているといって、商標の使用差し止めと約二億円の損害賠償を訴えた事件である。吉利集団は、中国の有力自動車メーカーであり、地元で多くの中国人を雇用している大企業である。地元が、トヨタのこうした動きを「歓迎しない」のは明らかだ。裁判所は、当然のように、トヨタの請求を却下した。トヨタとソニーはいずれも日本のトップブランドだ。

日本には「江戸の敵《かたき》を長崎で討つ」ということわざがあるが、トヨタの仇をソニーでとったような気が、私にはする。

このように「政冷経熱」の日中のビジネスでは、虚々実々の「戦い」が、毎日のように続いているのである。

悪魔的才能でコピーを続ける中国人

中国に進出する企業に「コピー対策なしに、中国に進出するな」と私は言いたい。中国人は、コピーに関しては悪魔的な才能をもっている。また、そうしなければ生きていけなかった。その中国人に対して、日本人はあまりに無防備だ。コピーの登場をあらかじめ予想し、対策を立てながら、中国に進出してほしい。

では対策とはなにか？

まず、しっかりした広報室や消費者相談室をつくらなければならない。広報室や相談室を中心として、消費者対策やマスコミ対策を行なう。近年、中国でも消費者意識は高まっている。これを無視したり、誤った対応をすれば、すぐに製品ボイコット運動に結びつく。たとえばソニーは、商品のクレーム処理を間違えたために、海南島で、新聞一ページ大のボイコットキャンペーンを張られることになった。

また偽物を見分ける方法や、本物とはここが違うということを、消費者にきちんと知らせる。見かけは同じでも、中身や品質がまるで違うということを、マスコミを使って徹底的に広報する。消費者が、製造番号など会社に知らせてくれれば、偽物か本物かを回答するなどのサービスを提供することも必要だ。

第二に、広報室を通して、消費者のクレーム対応をしっかりとする。

たとえばM社は、消費者から「お宅の携帯電話には子機が付いているはずですよね。それなのに、付いていなかった」というクレームを受けた。ただちに広報室を通して、すぐに詫《わ》びを入れ、製品をすべて回収した。一方でT社は、パソコンに対するクレームに、きちんとした賠償《ばいしょう》をしなかった。ところが同社がアメリカでのクレームに、賠償していたことが判明し、これが中国人消費者の怒りに火をつけた。

「アメリカばかりを優先し、中国人を馬鹿にしている」というわけだ。

当然、T社製品のボイコット騒ぎが起きた。

このように、クレーム対応次第で、ずいぶんと風向きが変わるものなのだ。

さらに、部品すべてを中国に持ち込まないという防衛策もある。肝心の心臓部分の部品は、日本で製造し、核心部分は秘密にしておくという作戦である。

過去には金属加工など、日本得意の精密技術が中国に流れ出てしまうことがよくあった。中国の安価な労働力を使いたいと、安易になにもかも中国に教え、丸ごと技術を盗まれるのだ。しかし日本企業もこの一〇～二〇年でずいぶんと勉強した。大きな利益を得る一方で、高い授業料も払った。

これからは互いに切磋琢磨、相手を研究しながら儲けていくウィンウィン（相互利益）の時代だ。一方的な儲けはありえない。その認識をしっかりともたねばならない。

有害物質・ニトロベンゼンが日本沿岸に漂着する？

二〇〇五年一一月一三日、中国東北部、吉林省の石油化学工場が大爆発を起こした。公安警察は付近の住民を避難させたが、市当局は翌一四日「大気にも水質にも異常は認められない」と発表した。しかし国家環境保護総局は、沿岸の工場から松花江《しょうかこう》に、約一〇〇トンのベンゼンやニトロベンゼンが流れ込み、河川を汚染していると警告を発した。

爆発から八日たった二一日、ハルビン市当局は「上流の工場の爆発で、汚染の可能性があるために、四日間の断水措置をする」ことを発表。これを聞いた住民たちが水の買い占めなどに走り、騒ぎは一気に拡大した。八日後の発表は明らかに遅すぎる。

松花江は、ハルビン市を経て、下流のロシア領ハバロフスク地方のアムール川に流れている。中国当局は二二日に、この旨をロシアに通達。二五日から、ハバロフスク地方に非常事態令が発動され「アムール川の水を飲まないように」との通達が住民に伝えられた。

二六日には、中国の李肇星《りちょうせい》元外相が、陳謝のコメントを発表し「ロシア側に被害が出た場合は補償する」と約束。この時期、アムール川は凍っており、ハバロフスク市当局は、氷を割って調査し、汚染物質が到着していることを確認したが、許容範囲内であると発表した。しかし、ハバロフスク市当局は「魚への化学汚染物質の影響検査が終了するまで、アムール川産の魚の取引を禁止」した。

さらに、ロシア極東ハバロフスク水環境研究所のコンドラチェフ教授は「ベンゼンなどの化学有毒物質がアムール川を経て、日本海やオホーツク海の環境に影響を与える可能性がある」と指摘した。

アムール川の氷は、春になるととけて、オホーツク海に流れ出す。日本の近海が汚染される危険性があるというわけだ。

ベンゼンは発ガン性があり、ニトロベンゼンは、吸入すると頭痛やめまいがし、はなはだしい場合はけいれん症状を起こす劇薬である。

このニュースを聞いたとき、正直言って「またか」という気がした。

SARS騒ぎのときも、事態を隠蔽《いんぺい》したといって衛生相が辞任させられたが、今回も、同じである。批判された王偉《おうい》吉林市副市長（環境対策担当）が自殺したり、解振華《かいしんか》国家環境保護総局長が責任をとって辞職したりした。最初は隠蔽、そして、事態が明らかになり、責任者が自殺したり、責任をとらされる。同じことの繰り返しで、なんら進歩が見られない。

私にいわせれば、川沿いに石油化学工場を作ること自体がおかしいのだ。とにかく中国の環境担当者には、環境汚染の危機感がまったくないといえる。

さらに、この出来事は、中国の公害問題は、対岸の火事ではなく、日本の問題であることも明らかにした。中国の化学有毒物質が、直接的に日本の環境を汚染しかねないのだ。

巨大クラゲや黄砂の発生源は中国

日本に影響を与える中国発の公害は他にもある。

最近、日本海で大量発生し、大騒ぎとなっている巨大クラゲ（エチゼンクラゲ）もそのひとつ。傘の直径だけで一～二メートル、重さ二〇〇キロもあるから、漁業用の網を破ってしまい被害も大きい。このクラゲの巨大化、最初は地球温暖化による水温の上昇に原因があるとされていた。海水の温度が上昇すればするほど、クラゲが成長するからだ。

ところが、原因はそれだけではなかった。

じつは、中国大陸の河川の汚染に原因があったのだ。

中国の代表的大河、揚子江《ようすこう》（長江）は、上海を河口として東シナ海に注いでいる。したがって揚子江沿岸の工場排水や周辺住民の糞尿《ふんにょう》が川を経て海へ流れ出る。これらの富養分でプランクトンが大量に発生し、これを魚やクラゲが食べる。ところが、乱獲で魚の数は減り、食べるのはクラゲばかり。こうして栄養分をとり過ぎ異常に大きくなったクラゲが、東シナ海から海流にのって、日本海に流れ込んだといわれる。

もうひとつは、春になると、日本海沿岸に飛んでくる、黄色い砂「黄砂《こうさ》」である。黄砂は中国の北西部にある、ゴビ砂漠や黄土高原、タクラマカン砂漠などから、偏西風に飛ばされて、中国の各地方を襲い、その一部は日本海をわたって日本にもやってくる。

中国で黄砂は砂塵暴《さじんぼう》と呼ばれる。砂嵐となって街を襲い、北京では一〇メートル先も見えないくらいになる。北京に飛んでくる黄砂は現在、一年間で一二〇〇万トンといわれる。このままいけば、五〇年もたたないうちに、北京は砂に埋まってしまうといわれ、遷都の話まで出ている。農作物や家畜に甚大な被害が出ている。耕地が砂で覆われ、どんどん減少している。日本でも、黄砂が太陽の光を邪魔し、農作物の生育に悪影響を与えている。

さらに、この黄砂の回数がこの一〇年間で激増している。この黄砂は、砂漠の砂が飛ぶ自然現象と考えられていた。しかし最近では、放牧や樹木の伐採により、土地が荒れ、乾燥化が広がったためという人為的な原因説が有力だ。

なぜ上海ビールはうまくないのか

中国では、全国的に硬水のため、水道水がそのまま飲めない。煮沸《しゃふつ》するか、タンク入りのミネラルウォーターを飲料水として使用する。ところが、毎日のように使うミネラルウォーターの約三〇パーセントが不合格なのである。

さらに、九〇パーセント以上の地下水が汚染されているという情報もあり、今や中国では、水も飲めない、使えないという非常事態なのだ。

なぜ中国産の上海ビールはうまくないのだろうか。

じつは、上海のそばを流れる揚子江が汚れていて、その水を原料に使っているからなのである。揚子江の水は、黄色く濁《にご》り、臭いも強い。いくら処理してもビールのつくれるおいしい水にはならない。サントリーは、これを恐れ、揚子江をはるか離れた場所にビール工場をつくった。「だから、おいしい」と中国人は言う。

先日、中国に帰ったとき、食事に招待してくれた友人からこう言われた。

「川の魚は、汚れているから食べるな。大丈夫なのは海の魚。それも天然もの。養殖ものは危ない」

中国の川の約八〇パーセントが汚染されている。

とりわけ内陸部や東北部の河川が、ひどいといわれる。

内陸部では海に流すことができないので、全部川に垂れ流しだ。四川省や重慶市《じゅうけい》では、水銀や発ガン性物質が処理されずに川に流され、周辺住民から日本の「水俣病」と同じような症状が発生したり、ガンの発生率が異常に高い地区があることが報道されている。

水だけではない。大気汚染もひどい。

重慶市郊外のある農村では、防毒マスクをして暮らしている村もあるほどだ。重慶市の二酸化硫黄の濃度は、主要都市平均の約二倍の高さである。東北部の瀋陽では、大気汚染のため、喘息《ぜんそく》が大きな問題になっている。

そのほか農薬汚染、渇水（水不足）問題、赤潮、糞尿処理など、中国には解決しなければならない公害が目白押しなのだ。

腐った結びつきが公害を招く

近年の中国の公害の多発状況は、異常としかいいようがない。なぜ、こんな事態になってしまったのだろうか？

一言でいえば、すべて「利」により、ものごとが動いているからである。

中国で公害が多発するのは、利益を追求しすぎる経済活動のためだ。

中央政府は、沿岸部に比べ遅れた内陸部を発展させるため、無理して開発を優先させている。

市や省政府は、実績づくりのため、インフラづくりや企業誘致に狂奔《きょうほん》し、農地を工場用地に転換させる。これは賄賂《わいろ》に結びついている。たとえば、高速道路を一本つくれば、交通局長には建設業者から莫大な賄賂が流れ込む。企業は企業で、工場建設のために、役人を買収し、黒社会（マフィア）の人間を使い、暴力を使ってでも農民を土地から追い出す。工場の排水口からは汚染物質が流され、煙突からの有毒物質で大気は汚染される。

一方で、公害対策には有効な手が打たれない。

これは資金不足が大きい。環境整備をしようにも、資金がないのだ。

現在中国が、公害対策のために使っている費用は、GDP（国内総生産）の一パーセントにも満たない。アメリカは毎年八〇〇億ドル、日本は十数兆円を、環境保護のために使っている。公害は、GDPの五パーセントの費用が投下されれば、かなり抑えられ、八〜一〇パーセントになれば、完全に良性の循環型社会が形成されるといわれる。

私の提案するところは五パーセントだが、せめてGDPの一パーセントでも公害対策に使えば、環境汚染はかなり緩和されるはずだ。

青島市に隣接する日照《にっしょう》市では、オリンピックのために「水の都」づくりが進んでいる。工場を少なくして、親水公園をつくるなど、環境にやさしい都市づくりが進んでいる。市の幹部に聞いたところでは、五年前に、大手の鉄鋼メーカーである北京首鋼が、海岸に大製鉄工場をつくる計画があったという。しかし、当時の市長はクビを覚悟でこれに反対し、結局、北京首鋼は、これをあきらめたという。

しかし、こうしたケースはまれである。なぜなら多くの市町村は、経済実績をあげるため、公害の出やすい鉄鋼や化学工場などでも、とにかく自分のところへ誘致したがる。また企業側も賄賂を出して、これを推進する。

だから地元住民がいくら反対しても、押しつぶされてしまうのだ。

公害多発の根本には、こうした行政幹部と企業家の腐った結びつきが、常に横たわっているのである。

土地の収用で六人が殺された村

最近、中国では農民の土地をめぐる収用問題で騒ぎが頻発《ひんぱつ》している。

中でも、二〇〇五年六月、イギリスのスカイ・ニュースが流した河北省の農民襲撃事件の映像は、全世界に衝撃を与えた。二〇〇〜三〇〇人の銃やこん棒で武装した制服集団の男たちが、無抵抗の村人を襲い、めった打ちにしたのだ。銃声や悲鳴が聞こえるなまなましい場面が放送されたが、結局、この事件で六名が死亡、四〇名以上が負傷した。

私もこの映像を見たが、最初は、ほとんど説明がなかったために、なぜこうなったのかよく理解できなかった。しかし、その後の調査で驚くべき事実が判明した。

場所は河北省定州市縄油村で、この村では発電所の建設にともなう用地補償問題で、定州市政府幹部と農民の間でもめていた。農民側は、土地の買収費が安すぎると抗議して、買収用地にテントを張って立て籠もっていた。

普通こうした問題で、行政側と農民が対立した場合、行政側の要請により公安警察が実力行使して農民を排除することはよくある。ところが、今回は、市の幹部が出稼ぎ人（民工）の無法者を北京などから雇って、私的に襲わせたのである。これは、中国でも異例の事態である。

普通なら、闇に葬り去られるのだが、映像が世界に流れたこともあり、中央政府が動き出し、市の上部組織である省当局が徹底調査を行なった。その結果、幹部の不正と襲撃の残虐さが浮き彫りになり、首謀者は裁判にかけられた。判決は、定州市の政府幹部に無期懲役、襲撃を指揮した四被告に死刑が言い渡された。

この政府幹部は、間違いなく電力会社側から賄賂をもらっている。それなのに、立ち退き問題が長い間、進展しないのに業を煮やし、無頼漢《ぶらいかん》を雇って、農民たちを実力で排除しようとしたのだろう。

最近の中国のテレビの人気番組は役人の腐敗摘発番組だ。連日のように放送され、企業などと癒着した役人の不正をあばき、視聴者の熱狂的支持を得ている。

このままでは、中国の自然が破壊され、生活が危うくなる。なんとか手を打たなければと、一般庶民も感じはじめているのだ。

公害対策先進国・日本の協力を求めよ！

最近は、中国人も、公害には、かなり敏感になっている。

たとえば、有機野菜に対する関心の高さである。以前の中国人は、安ければなんでもよかった。しかし、最近の中国の消費者は少し違う。高いものでも、体に安全で、納得のできるものを買い求める傾向になっている。

こうした傾向を受けて、私はＧＤＰの最低五パーセントを環境整備や公害対策に使うことを提案したい。

その際、頼りになるのは、日本の進んだ公害対策技術である。たとえば、東レの水処理プロジェクトだ。東レは、どんな微細な物質も濾過《ろか》できる、高分子分離膜という世界水準の高い技術を持っている。これで、工場からでる排水や、家庭からでる汚水を処理し、きれいな水をつくることができる。最近、東レは海水を一日一〇万トン淡水化する工場建設プロジェクトを中国と契約した。おそらく、水処理関係でははじめての日中提携大型プロジェクトであろう。

ゴミ処理にしても、日本は優れた技術を持っている。環境ベンチャー企業、テクノプラントの「華宝納《カボーナ》2000」は、窒素を注入して酸素を追い出し、電気で四五〇度まで加熱し処理する。一般の焼却炉に比べ、二酸化炭素の排出量は、わずか二〇分の一で、ダイオキシンもほとんど出ない。ゴミは炭素化されるので、土に入っても有害物質にならないそうだ。

すでに述べてきたように、中国の公害は、日本にとって対岸の火事ではない。中国が汚染されれば日本も汚染されるのだ。だから、日中共同で対策をとることが、中国のためでもあるし、日本のためにもなる。

こうした環境ビジネスは、日本にとって大きなビジネスチャンスでもある。環境先進国である日本の企業は、優れたエコ製品や環境を守るハイテク技術を持っている。この力を生かせば、中国の公害を防ぐことができるし、利益も得られる。まさにウィンウィン（相互利益）なのである。

第七章　中国の一党独裁は遠からず崩壊する

——独裁大国vs.自由小国

中国には民主主義のかけらもないのか

「中国には、自由がない」——中国を攻撃するときに、日本人が必ず持ち出すのがこの文句だ。『ビートたけしのTVタックル』に出演したときにも、政治評論家の三宅《みやけ》久之《ひさゆき》氏に「中国には民主主義のかけらもない。あるのは共産党独裁だけ」と一刀両断に切り捨てられた。

この質問にどう答えるかは、難しい。

たしかに、今の中国が共産党独裁であるのは事実だ。けれどもその一方で、中国の民衆が自由と民主を強く望んでいるのもたしかだ。私も民主化を強く願っている。しかしながら私は、それをストレートに、今すぐ中国に持ち込むことがベストだとは考えていない。

その点では、私の考えは、胡錦濤《こきんとう》国家主席と一致する。

二〇〇六年四月、訪米した胡錦濤に「中国は、自由な選挙のある民主国家になるのか？」という質問が飛んだ。

胡錦濤は「民主化なくして近代化なしだ。人民の願いにそって政治体制の改革を進める。ただしそれは、すべて欧米型の民主主義を意味しない。あくまでも、中国の国情に即し、徐々に行なっていく」と答えた。

この答えを私は基本的に支持する。

なぜならもし諸外国（とくに欧米や日本）が言うように、今すぐ無制限の自由と民主化が中国人に与えられるのならば、中国は大混乱におちいる。

いや、それどころか分裂しかねない。

中国は多民族からなる国家だ。九〇パーセント以上が漢民族だが、五五の少数民族があるし、内モンゴルや新疆《しんきょう》ウイグルなどの自治区もある。

日本は狭いし、ほとんど単一民族なので、コントロールがしやすい。その点、中国は広大だし、同じ漢民族であっても、言語や習慣が大きく違っていたりもする。中国には「川ひとつ渡ればすべてが違う」ということわざがある。

たとえば山東省出身の私は、広東人の言葉はまるでわからない。上海人の言葉もわからない。もちろんマンダリン（標準語）を話せば、通じ合えるのだが、考え方は大きく異なっている。さまざまの民族、地域が入り組んでいるモザイク国家なのだ。これを自由にさせたら、それこそ、旧ソ連のようになる。各民族が勝手な自己主張をし、独立したあげくに対立するようになりかねない。それをうまくまとめているのが、社会主義を掲げる共産党だ。この絆を外せば、中国は崩壊しかない。

それに、日本やアメリカが掲げる〝自由と民主主義〟にも疑問が残る。

欧米諸国や日本は、これが最高の価値観と強調するが、はたしてそうだろうか？いい例がアメリカ軍のイラク侵攻だ。アメリカは「民主主義十字軍」を名乗り、フセイン体制を暴力的に転覆《てんぷく》させ、西欧流の自由と民主主義をイラクに押しつけた。だがイラクの人々は、キリスト教とは違った価値観を持つイスラム教を信じている。イラクの人はフセイン打倒を受け入れたとしても、イスラムの教えと伝統は放棄しないだろう。彼らには彼らの価値観があるのだ。これを奪うことは、誰にもできはしない。

中国も同じである。中国には、中国のやり方や民主主義があるのである。

「衣食足りて礼節を知る」

「自由と民主主義はたしかにいいものだろう。でも、それでお腹はいっぱいになるのかね？」と中国人は考える。

ある時、孔子の弟子が「政治（まつりごと）でいちばんたいせつなことはなんでしょうか」と師の孔子に尋ねた。

孔子は「食を足し、兵を足し、民をしてこれを信ぜしむ」と答えたという。民が食べられるようにすること、兵力を整えること、民が国を信じられるようにすることが根本というわけだ。

管子にも「衣食足りて礼節を知る」という言葉がある。

貧しかった中国にとって、まず重要なのは「食べる」ことだった。

それを、一九八〇年代に実行したのが鄧小平《とうしょうへい》だった。

彼は中国にとってまず必要なのは、民主主義よりも、食っていけるということだと喝破《かっぱ》した。彼の考えを表した有名なふたつの言葉がある。

「黒猫でも白猫でもよい。ネズミをとるのがよい猫だ」

「豊かになれるものから、豊かになればよい」

このふたつの理念を実行に移したのが、改革開放路線である。

この路線の下、八〇年代から九〇年代にかけて、中国は年率七〜九パーセントという驚異的な高度経済成長を実現した。この結果、国はたしかに豊かになった。

しかし同時に、問題も起こった。

豊かになったのはほんの一部の者だけだったのである。沿岸部の都市住民、それも企業経営者や汚職で利益を得た共産党や政府の腐敗した幹部だけだった。内陸部の農村や一般庶民の暮らしは、いっこうによくならず、格差は広がる一方であった。

その不満が爆発したのが、第一次と第二次の天安門事件であった。国民的な生活の不満を背景に、学生や市民が「民主・自由」を求めて決起したのである。しかし当時、〝皇帝〟として君臨する鄧小平は、軍隊や警察を動員して、これを武力で鎮圧。そして、この強硬路線を受け継いだのが江沢民《こうたくみん》であった。したがって江沢民は、国民に人気がなかった。

さらに、江沢民から政権を受け継いだのが、現在の胡錦濤となる。だがじつは、胡錦濤は、この鄧小平と江沢民のやり方をいいとは思っていない。

彼の「民主化なくして近代化なし」の発言のなかに、民主化運動を弾圧した鄧小平やそれに追従する江沢民への反発を読み取ることができる。

国家主席より共産党総書記のほうが権力が強い

昔の中国に比べれば、民衆の権利は、ずいぶんと大きくなっている。デモもできるし、マスコミの規制もかなり緩和されつつある。

議会もないわけではない。日本の国会にあたるのが、中国の全国人民代表大会（略して全人代）である。ここで、国家主席、省長（日本の県知事にあたる）や市長など行政のトップが選出される。また国家主席を選出する点は、国会議員が内閣総理大臣を選出するのに似ている。

では、中央の全人代の代議員（日本でいえば国会議員）は、どうやって選ばれるのか。各地方の省や市レベルごとの人民代表大会で選出される。いちばん末端の企業の人民代表委員は、各職場から推薦された候補を、全体会議で投票して決める。誰でも立候補できるわけではないが、職場で推薦された候補者を、全員参加の選挙で選ぶという間接選挙の形である。つまり、直接選挙ではないが、民意は、それなりに反映されているといってよいだろう。まったく、民主主義がないわけではないのである。

だが問題がないわけではない。

それは、中国ではもっとも偉いのは国家主席ではない、ということだ。

中国でいちばん偉いのは、共産党総書記である。

日本人の多くは、国家主席のほうが偉いと思っているようだが、これは大きな間違い。国家主席と共産党総書記が兼任されているために、どちらが偉いかわからないようになっているが、中国では、すべてにおいて共産党が権力を握っている。そのことは、省や市の長と書記の関係を比べてみればよくわかる。日本では市長が市のナンバーワンだが、中国では市のナンバーワンは市の共産党書記、ナンバーツーが市長と副書記なのである。省も同様である。

ということは、全人代で決定されたことでも、共産党中央指導部がそれを否定すれば、簡単にひっくり返るということなのだ。

すなわち、民意が反映された全人代よりも、国民全体の選挙を経ていない共産党のほうが、権力を握っているのである。

ここに中国民主主義の最大の問題点がある。

共産党独裁が崩れはじめた

日本人からすると不思議に思えるだろうが、これまでの全人代は、満場一致で賛成というのが当たり前であった。

ところが一九九〇年代後半以降、変化が起きている。反対票が多くなってきたのだ。

たとえば、九二年の全人代で、三峡ダムの建設を論議したときのことである。三峡ダムは、揚子江にかかるダムで、完成すれば世界最大の水力発電ダムになる巨大プロジェクトだ。時の江沢民政権は電力問題の切り札として、メンツをかけてこれを提案した。しかし、水質汚染などの環境破壊、土砂堆積《たいせき》によるダムの機能不全、立ち退き人口一一〇万人などの問題で、反対意見も多く、投票の結果、三〇パーセント以上の反対者が出た。これまでは反対票があっても、せいぜい一〇パーセント以下だったから、これは驚きだった。

二〇〇六年の全人代でも、議案によっては、反対が五割近くにのぼっているものもある。これまでのように、政府や党の言いなりという状況ではなくなってきたのだ。

共産党・政府の言うとおりにならないという傾向は、マスコミにもあらわれている。

二〇〇六年一月、共産主義青年団（共青団）の機関紙『中国青年報』の付属週刊誌『氷点週刊』が、共産党中央宣伝部からの命令により発行停止処分になった。

中国のマスコミは、長い間、共産党の監視下に置かれてきた。中国ではマスコミは、政府の宣伝機関であり、勝手なことをいわないよう、厳しい検閲体制が敷かれている。いわば中央宣伝部の独裁だ。

このタブーに挑戦したのが『氷点』の李大同《りだいどう》編集長であった。

李編集長は、大胆にも同誌に、中国の歴史教科書を批判する中山大の袁偉時《えんいじ》教授の論文を載せたのである。

袁教授は、

「アヘン戦争を引き起こしたのは英仏の帝国主義諸列強だった、と中国の歴史教科書は一方的に片づけるが、背後には条約違反を繰り返した清朝の愚かな行為があった」

「太平天国、義和団事件、辛亥《しんがい》革命は三大革命として、中国ではすべて正しかったとされているが、太平天国は残虐な独裁政権、義和団も野蛮で残忍な犯罪を行なっている。今の中国の歴史研究水準は一五年は遅れている」

「こういった古く間違った見解を載せる歴史教科書で学ぶ、中国の青少年は、オオカミの乳（ホンモノではなく、獣のニセモノの乳）を飲まされているようなものだ」

と批判した。

もちろん、「中国の正統史観を批判するとは」と共産党中央宣伝部はかんかんになった。

発行停止処分は、これまでにも、たびたび行なわれており、中央宣伝部もそれで終わりと思っていた。ところが、事態は収まらなかった。

李編集長が、堂々と公開抗議文を発表。これに呼応して、多くの言論人が抗議の声をあげた。そして、これに共鳴する世論の声も高くなっていった。

あわてた中央宣伝部は、結局、発行禁止処分を早々に解除。しかし、李編集長はじめおもだった編集部員は更迭《こうてつ》されてしまった。

じつは、この『氷点』発行禁止、日本に関係がある。

中国は、これまで日本の歴史教科書が、南京大虐殺や七三一部隊など、中国侵略戦争を正しく報道してこなかったと抗議してきた。ところが、自分のお膝元の中国の歴史教科書が、時代遅れで間違っていると学者に批判されたのだ。これは、まことに具合が悪い。

それで強圧的な手段で抑えようとしたのだ。ところが、思いがけない世論の声があがり、大いにあわてたのである。

日本人は、もっと胡錦濤を理解すべき

この『氷点週刊』、もうひとつ裏がある。

注意深い読者はこの週刊誌が共産主義青年団の所有物だということに気づいたはずだ。共青団は、共産党の青年組織である。また中央宣伝部も共産党の有力組織のひとつ。それなのに対立している。そう、この両組織は、共産党内部で派閥争いをしているのである。共青団が胡錦濤《こきんとう》派、中央宣伝部が江沢民派である。

胡錦濤は長い間、共青団の委員長であったから、内部に強固な人脈を築いている。したがって、共青団の一組織である『氷点週刊』も胡錦濤と太いパイプでつながっている。

そのことは、今回の『氷点』停刊の半年前の出来事でも明らかだ。

二〇〇五年六月、同誌は、上海交通大学の徐臨江《じょりんこう》副教授の論文を載せた。同論文は、一九三七年の中日戦争で、共産党の八路軍が歴史的勝利をあげたといわれる平型関での戦いの歴史的評価に言及し「この勝利は、共産党軍だけでなく、国民党軍の功績も大きかった。歴史の評価は、もっと全面的に理性的に行なわなければならない」と述べた。

これに対し、中央宣伝部は「国民党を美化し、共産党の役割を低くみている」と、お定まりの批判をした。ところが、その三ヵ月後の九月、胡錦濤主席が抗日戦争六〇周年記念式典で「国民党軍は抗日戦争の初期に、日本軍に手痛い打撃を与えた」と演説した。

胡錦濤は、徐副教授の主張、ひいては『氷点』編集部の意向を支持したのである。胡錦濤がなぜ、国民党軍を評価したか。じつは、これには台湾問題がからんでいる。現在台湾は、独立派の民進党が政権を握り、胡錦濤本土政権と対立している。そこで、胡錦濤は台湾野党である国民党との連携を望んで、中日戦争時の国民党を評価したのである。

なぜ、こういうねじれ現象が起きるのか？

これは、共産党最高指導部である政治局内の派閥対立からきている。

現在の政治局のメンバーは胡錦濤を含めて九名。うち胡錦濤派が胡錦濤を含めて三名、残りは、前国家主席であった江沢民の派閥だ。江沢民派は保守派（守旧派）で「大政府」路線の強硬派。胡錦濤の「小政府」路線をこころよく思っていない。そこで、江沢民派である中央宣伝部を使って、自由化や民主化を極力抑え込もうという挙に出ているのだ。

胡錦濤派は、政治局ではまだ少数派だ。

この微妙なバランスをよく理解しないと、中国の政治を正しく判断することはできない。

日本では、胡錦濤は「靖国参拝をやめなければ会談に応じない」対日強硬論者として知られる。しかし、ことはそんなに単純ではない。

胡錦濤は、江沢民派との関係で、対日強硬路線を取らざるをえないという、微妙な立場にいるのである。

このことを理解していないと、現在の膠着《こうちゃく》した日中関係は、絶対に打開できない。

胡錦濤は、どのような考えをもっているのか、どのような立場に置かれているのかを、以下の項で考えてみよう。

胡錦濤のルーツはかつての親日派胡耀邦

胡錦濤は〝保守派〟ではなく〝改革派〟である。

そのことは、彼の政治的出自を見れば明らかだ。彼は親日・民主改革派で知られる胡耀邦《こようほう》書記に登用された。彼は胡耀邦の息子と学校が同期であり、やがて胡耀邦に才能を認められ、一九八二年に共青団の副書記に指名された。そして胡耀邦の下で、日本青年三〇〇〇人を招待しての日中交流大イベントの実行指揮者として活躍した。

親日派の系譜なのである。

ところが政権は、改革派の胡耀邦から、保守派の江沢民へと移った。当然、胡耀邦派である胡錦濤は要注意人物となり、厳重な監視下に置かれた。もちろん江沢民は、胡錦濤を重視しない。せいぜい、水利（ダム開発担当）大臣程度でいいだろうと考えた。

だが鄧小平に怒られた。「胡錦濤こそ、次世代の指導者にしなければならない」と言われたのである。それで江沢民は、あわてて胡錦濤を副主席に据《す》えた。

こうして、胡錦濤は復活した。しかし、江沢民の下で隠忍自重した。「一言」「一杯」「一行」に注意を払い、一二年間、じっと黙って我慢して、江沢民に仕えた。

もちろん、江沢民の考えに賛成したのではない。胡錦濤はかたわらで、江沢民の共産党中心・独裁路線が破綻するのをじっと見てきた。

「(これからはこのやり方では機能しない。俺はこのやり方はとらない)」と胡錦濤は思ったのではないか。しかしそのことは、胡錦濤が総書記・国家主席になった今もストレートに表明できない。

なぜなら江沢民は引退したが、江沢民派が政治局内部でまだ半数を超えて存在しているからだ。彼らは、胡錦濤の失点を待っている。

胡錦濤が、へたに民主・自由化路線を推進したり、対日外交で弱腰路線をとれば、待ってましたとばかりに、江沢民派に攻撃されてしまう。だから、硬軟バランスを取りながら「改革」を進めざるをえないのである。

では胡錦濤が進める「改革」とはどのようなものか。

破綻した江沢民の「共産党独裁」路線

江沢民派が推進しようとしているのは「共産党一党独裁」路線である。

その具体化が「三つの代表」論だ。「三つの代表」論とは、最近の三つの顕著な傾向、①先進的な生産力、②先進的な文化、③広範な人民の利益、を積極的に取り入れ、共産党をすべてを代表する国民政党に脱皮させようという考え方だ。

高度経済成長路線で、新たに力を持ったのは、個人事業家や私営企業主などの〝資本家〟であった。従来の共産党の規約では、資本家は敵であり、労働者の党である共産党に入党はできない。しかし、彼らを放っておけば、別の党派がつくられ、共産党の力が低下する。これを恐れた江沢民は、従来の「労働者、農民、軍人、知識人及びその他の革命分子は入党申請できる」から「労働者、農民、軍人、知識人及びその他の社会層の先進分子は入党申請できる」と規約を改正した。すなわち江沢民は、個人事業家など、社会層の先進分子を共産党に取り込むことにより、共産党の若返りを目指したのだ。

しかし、こうした措置も評判が悪かった。

「豊かになったのは、共産党や政府の幹部、そして企業家だけじゃないか。彼らは賄賂や汚職で結びつき、贅沢三昧な生活をしている」という庶民の不満が高まった。日本でも小泉改革の結果、社会格差が生まれ問題になっているが、中国の格差は段違いに深刻だ。

なにしろ中国には、年収一〇万元（一五〇万円）以上のリッチマンが一億人いる一方で、年収三〇〇〇元（四万五〇〇〇円）以下の貧困層が一億人もいるのである。その格差はおよそ三〇倍。日本では考えられないすごさだ。

貧困層のほとんどが、農村や内陸部に集中している。ここでは、エイズや飢餓が蔓《まん》延《えん》し、公害の垂れ流しが常態化している。都市部でも出稼ぎ労働者（民工）や国営企業労働者の失業問題が深刻である。

だから抗議活動や暴動が頻発している。

中国公安省の発表によれば、二〇〇五年に中国国内で起こった暴動の数は約九万件。一日約二五〇件というすさまじさだ。各地で民衆と公安警察が衝突を引き起こしている。

日本では、群衆を巻き込んだ暴動事件などは、あまり起こらないから、この数字がいかにすごいかがわかるだろう。

胡錦濤は、このままでいけば、国家が崩壊しかねないという危機感を抱いている。だからこそ真剣に、今の共産党中心の体制を変えたいと願っているのだ。

胡錦濤が就任以来、主張しているのは「共産党の縮小と政府権限の拡大」である。

これまで共産党は、国や地方のそれぞれのレベルで、トップである書記を一人、補佐役である副書記を五〜六人置いてきた。それを副書記二人にしようとしている。また共産党の組織を、組織部(人事活動)と宣伝部、それに統一戦線部など、三〜四部に簡素化しようとしている。共産党のスリム化である。

一方で、政府機関である地方自治体の数を拡大しようとしている。私が手に入れた、共産党の内部通達文書によれば、これまで約三〇あった省と市を四七に拡大しようとしている。なぜそうするのか? 表向きは、行政サービスの拡大ということになっているが、本当の理由は、共産党縮小によるポスト減をこれで補うのである。

また地方自治体を拡大して、国家への納入税財源を増やすという狙いもある。

胡錦濤の考えは、将来、共産党独裁ができなくなっても、国家・政府機関そして財政基盤をしっかりと形づくっておこうというものである。

日本でも行政改革が行なわれ、小泉元首相が「改革に政治生命をかける」と言っていたが、胡錦濤国家主席も、文字通り「行革に命をかけている」のである。

「八栄八恥」運動とは何か

胡錦濤は最近「八栄八恥《バーロンバーチ》」という社会道徳運動を提唱している。

「政」という字を分解すれば、「正」と「文」に分かれる。政治とは正義と文を行なうことだ。文とは、法律であり文化であり道徳である。

したがって道徳教育による国づくりがポイントと胡錦濤は強調する。

「八栄」とは、①祖国を熱愛する、②人民に奉仕する、③科学を尊ぶ、④懸命に働く、⑤団結して互いに助け合う、⑥誠実に約束を守る、⑦法律や規則を守る、⑧刻苦勉励する、である。

日本流にいえば「八善」（八つのよい行ない）といえようか。

「八恥」とは、①祖国に害を与える、②人民に背を向ける、③無知蒙昧《もうまい》（なにも知らない）、④楽を好む、⑤利己的で人に迷惑をかける、⑥利に走り義を忘れる、⑦法律や規則を守らない、⑧ぜいたくや逸楽《いつらく》に走る、である。

日本流にいえば「八悪」（八つの悪い行ない）だろう。

これを見て何がわかるか？

胡錦濤が、もはや腐敗した共産党に期待をせず、道徳観に期待しているのがわかる。

江沢民は、共産党こそが、三つの代表そのものであり、中国を率いていくことを強調したが、胡錦濤はそうではない。人民の道徳（モラル）や法律により、国の発展を遂《と》げようとする。規律や法律を守って、一生懸命に働き、それも自分のためだけでなく、他人や全体のために働くことが、国の繁栄につながると強調する。

「八恥」を読めば、これが今の中国の若者の姿そのものだ、ということがわかる。経済的に豊かになったおかげで、今の中国人は、利益ばかりに走り、自己中心主義になり、贅沢になり、質素倹約を忘れている。そして若者は、甘やかされて育ち、わがままで贅沢で、利己主義そのものになっている。

⑥の「利に走り義を忘れる」という点では、日本も中国も、まったく同じ状況だといっていい。日本では、元ライブドア代表取締役のホリエモンこと堀江《ほりえ》貴文《たかふみ》のように、株を操作して、金儲けに邁進《まいしん》する若者が大量に出てきているが、中国も同じであ

る。

日中で、えたいの知れない若者が登場し、ＩＴやネット犯罪が多発している。

その一方で、若者は、深刻な就職難や失業問題に直面しており、将来が見えず、やけになったり、享楽にふける者も多い。

「八栄八恥」は「このままでは中国は駄目になる」「共産党よりも道徳に頼ろう」という胡錦濤の〝世直し〟宣言と見ることができるのだ。

「和諧社会」は、上からの改革だけではできない

胡錦濤は、豊かな階層と貧しい階層、都市と農村など、対立を煽《あお》るのではなく、国民各層が「和解できる社会」（和諧《わかい》社会）を目指している。

私は孔子の子孫として、胡錦濤の考え方は十分に理解できる。胡錦濤の「和諧社会」は、孔子の「和の精神」に通ずるからだ。

ただ、胡錦濤の方法に問題がないわけではない。それは、胡錦濤の改革は、上からの改革だという点だ。彼は権力と権謀術数《けんぼうじゅつすう》を用いてこれを実現させようとしている。

江沢民と比べてみると、胡錦濤の性格が浮き彫りになる。

江沢民はたしかに横暴であり、強硬的であった。しかし、どこか抜けているというか、おおらかな面があった。

政権も、棚からぼた餅のように、ある日突然、転がり込んできた。天安門事件の直後に、江沢民は、突然、最高実力者鄧小平から「妻子を置いて、すぐに北京に来い」と呼び出される。江沢民は真っ青になった。「処刑されるのではないか」と思ったからだ。ところが北京へ着くや、思ってもみない事態が展開。三ヵ月後には抜擢されて総書記になってしまった。そのせいか風貌《ふうぼう》だけでなく、すべてがノホホンとしている。

これに比べて胡錦濤はどうか？

彼には権力志向が強く、狡猾《こうかつ》な権謀家のイメージが濃い。胡錦濤は中国西部の辺境地、甘粛省《かんしゅくしょう》のダム現場である水利部で働いていた。僻地《へきち》も僻地、普通では出世して、北京などには来られないような田舎の部署だ。ところが、一九八九年にチベット自治区の共産党書記に就任するや、首都ラサに戒厳令をしき、民族独立派を弾圧し実績をあげた。これが中央に認められ抜擢された。狡猾な知恵がある。その後チベットで高山病にかかり、療養生活を余儀なくされたが、ここで我慢と忍耐を覚えた。胡錦濤は現在六五歳の「紅衛兵世代」だ。今の中国の四〇～六〇歳代は、日本の「全共闘」世代と同じで、文化大革命時代の革命精神を受け継ぎ、モーレツ精神が強い。目的達成のためには、どんな手段もいとわない世代だ。

文革当時、流行った言葉に「不怕離婚・不怕座牢・不怕殺頭」という言葉がある。「離婚・入獄・銃殺を恐れない」という意味だ。離婚というのは、日本人にはわかりにくいが、当時の中国では離婚するのは社会的に恥ずかしい行為であって、社会のつまはじきになった。それをあえて恐れない。なにがなんでも、やり抜くという革命精神を表す。

現在の中国社会や政府を担っている層は、この「紅衛兵世代」だ。だから、摩擦《まさつ》や軋轢《あつれき》を恐れない。いや、あえてそれを挑発する。日本を靖国で挑発するのも、このためだ。

もうひとつ、胡錦濤の抱える問題点がある。それは、共産党独裁が崩れたのちの、政治の多党化の問題である。

じつは私は共産党員ではない。民主建国会に入っている。民主党派には、民主建国会のほか、九三学社、国民党などがある。私たちは、将来の多党化民主社会を目指している。しかし胡錦濤が考えるのは、共産党の縮小ではあるが、全面的な撤廃ではない。

胡錦濤の考えているのは、多党化時代になっても、スリムな共産党で存在感を示し、上からの改革を行なうことだろう。

だが真の民主化や自由化は、上からの強制的改革だけでは実現できない。下からの大衆の自発的な参加をともなってこそ、本物となる。

そこに、胡錦濤の限界が潜んでいると私は考えている。

第八章　ケンカするほど相手が見えてくる
——二〇〇〇年の交流史から何を学ぶか

絶対に忘れない中国人と忘れっぽい日本人

日本人に「八月一五日はなんの日ですか」と聞いてみよう。ほとんどの日本人は、すぐに「終戦記念日」と答える。日本人ならこの日を忘れるはずがない。

では「七月七日と九月一八日はなんの日？」と聞いたらどうだろう？

ほとんどの日本人は答えられないのではなかろうか。

しかし中国人ならば、この日を忘れない。

七月七日は、中日戦争がはじまった日である。

一九三七年のこの日、北京郊外の盧溝橋《ろこうきょう》で、一発の銃声をきっかけに日本軍と中国軍の撃ち合いがはじまり、そこから中国全土に戦争が広がっていった。

九月一八日は満州事変がはじまった日である。

一九三一年のこの日、瀋陽市（かつての奉天《ほうてん》）の郊外、柳条湖の満州鉄道の線路で爆発事件が起こった。日本の関東軍はこれを中国側の仕業《しわざ》と断定し、これが満州事変のきっかけとなった。

今でも瀋陽市では、この日の午後九時一八分に一四回の鐘をつく。終戦までの一四年間の苦しい抗日戦争の日々を忘れないためである。また市内二〇〇ヵ所で、日本軍の「空襲警報」を意味するサイレンを三分間鳴らす。同時に、街路を走る自動車もいっせいにクラクションを鳴らすという。

たしかに、日本人は学校で盧溝橋事件や柳条湖事件を学ぶかもしれない。しかしそれは、知識としてだけであり、痛みをともなって覚えているわけではない。

だから、忘れてしまうのだ。

七三一石井「細菌」部隊もそうである。今では、石井部隊がなにをやったかを、正確に知っている日本人はほとんどいないだろう。

七三一部隊は、旧日本陸軍が細菌戦の研究・遂行のために、一九三二年に中国東北部（「満州」）のハルビン郊外に創設した特殊部隊である。表の名は、関東軍防疫《ぼうえき》給水部本部であったが、実名は満州第七三一部隊で、部隊長の軍医、石井《いしい》四《し》郎《ろう》の名をとり石井部隊とも呼ばれた。ペストやコレラ、チフス菌などを使った細菌（生物化学）兵器の研究開発をし、マルタ（丸太）と呼ばれた中国人、モンゴル人、朝鮮人などの捕虜を生体実験に使い、そのための死者は三〇〇〇人以上といわれている。

苦しめられた中国人は、親が子に、子が孫に語り継ぎ、この事実を絶対に忘れない。

しかし、日本人は忘れっぽい。それに今の若い日本人は、歴史から学ぼうとしない。

石井部隊の存在すら知らないのではなかろうか？

孔子は「学びて時にこれを習う。また楽しからずや」と言っている。学んでは、時時、復習する。そのたびごとに発見があり、理解が深まる。じつに楽しいことだ。

二〇〇〇年にわたる日中の交流史を振り返ってみよう。きっと新たな発見があるに違いない。

日本人のルーツは中国人!?

「徐福《じょふく》」という人物をご存じだろうか？

昔の中国人は日本を語るとき、必ず徐福伝説からはじめたというぐらい、中国では有名な人物だ。秦《しん》の始皇帝（紀元前二二一年に中国を統一）は不老長寿の薬を求めて、臣下の徐福を日本に派遣した。

なぜ日本なのか。おそらく、風水の考え方だろう。

「わが国の東の洋上、日出ずるところに、蓬萊《ほうらい》という島があるそうだ。その島には、不老不死の仙薬があると聞いた。ぜひ、それを手に入れてまいれ」

こう皇帝は命令した。そこで徐福は、五〇〇人ずつの男の子と女の子を連れて、中国の青島を出発し、東シナ海を横断し、はるばる蓬萊島（日本）にやってきた。しかしいくら探しても、不老不死の薬は見つからない。それで、あきらめて、一〇〇〇人の子たちとこの島に定住した。その子孫が「秦氏《はた》」などを名乗り、やがて日本人になったという。

小学校で習うので、中国人は誰でもこの話を知っている。

だから多くの中国人は、日本をつくり出したのは中国人だと思っている（これは冗談。学校で習うのは本当だが、あくまでも伝説として教わる）。

この徐福が単なる伝説上の人物なのか、それとも実在の人物であったかどうかはわからない。しかし、徐福の名前は中国の歴史家、司馬遷《しばせん》の名著『史記』にも登場する。また、和歌山県新宮市には徐福の墓なるものも存在する。

なにより不思議なのは、日本各地に徐福の伝説が残っていることだ。

私の知っているだけでも、鹿児島県、佐賀県、三重県、山梨県、神奈川県、京都府、愛知県などに残っている。

長野県にもある。長野県選出の国会議員の羽田孜《はたつとむ》元総理は「私は秦の始皇帝が派遣した渡来人の子孫だ」と言ったことがある。「羽田」は「ハタ」で「秦氏」に通じる。この発言は中国でも「秦の始皇帝の子孫が日本の首相にまでなった」と報道されたほどである。

徐福が実在の人かどうかはともかくとして、この話は、東シナ海に乗り出した中国人が、対馬《つしま》海流や黒潮に乗って、日本海沿岸や太平洋沿岸に流れ着き、日本で暮らした事実を示している。紀元前三世紀といえば、当時の日本は弥生時代。二〇〇〇年以上も前から、日本人と中国人は交流があったのである。

次に、紀元一世紀頃の『漢書』に、日本のことが出てくる。「楽浪の海中に倭人《わじん》の国がある。百余国に分かれ、使節が漢の国にやってくる」と書かれている。

江戸時代に農民が九州博多の志賀島《しかのしま》から「漢委奴国王」の金印を発見した。おそらく、倭の国王が使節を漢の都に送ったときに、褒美《ほうび》として与えられたものだろう。

私は一五年ほど前に、日本で「三国志展」を開催したことがある。劉備《りゅうび》や孫権《そんけん》らの英雄・豪傑が活躍する三国時代は三世紀のことだが、そこに、志賀島で発見されたものと形が同じで、中国で発掘された金印や、三国時代の朱然《しゅぜん》という将軍の墓から発掘された下駄、肘掛《ひじか》け、弁当箱、竹でできた名刺などを展示した。

金印と同じように、こうした下駄や弁当箱といった日用品も、その頃に日本に伝えられ、当時の日本人に、きっと珍しがられたに違いない。

「我々の漢字を盗んだ日本人！」

五〜六世紀頃に、中国から漢字と仏教が伝えられた。この頃、日本には文字はなかったし、自然崇拝的な神道しかなかったから、これらは日本文化に決定的な影響を与えた。

中国人は日本の文字というと、王羲之《おうぎし》（書の祖といわれる人）を思い浮かべる。王は四世紀の人で、書の聖人といわれ、行書を生み出した人だ。日本人は、この王など中国人の書を学んで、日本独特のかな文字をつくったといわれる。

こうした歴史があるので、日本人、とくに中年以上の人は、中国文化に対して感謝の念が強い。日本人のなかには、定年退職後に、中国で書画を学びたいという人もたくさんいる。漢字と仏教という二大文明をもたらしてくれた国への感謝の念が強いのだろう。

もっとも、中国人の気持ちは複雑だ。

たしかに、日本と中国は「同文同種」だ。箸《はし》も使っているし、漢字も使っていると いう親近感がある。一方で「我々の漢字を勝手に使いながら、我々に対する尊敬の念が少ない」と不満をもらす中国人もいる。かつての中国は文化先進国で、日本は文化後進国だったのに、という思いなのである。

この時代、日本は中国に従順であり、中国に対して、毎年、朝貢《ちょうこう》する国だった。中国は世界の中心であり、周辺に多くの属国を従える「大中華帝国」であった。ここから、日本でいう「中華思想」が生まれた。中国人はこれを「大中華意識」と称する。

こういう大国意識に反発したのが、日本の聖徳太子《しょうとくたいし》だといわれる。聖徳太子は遣隋《けんずい》使《し》を送る際に「日出ずる処《ところ》の天子、書を日没する処の天子に致す。恙《つつが》無きや、云云」と書き送った。

これに対し、中国の皇帝は「蛮夷《ばんい》の書、無礼なる者有り、復た以て聞するなかれ」(『隋書』倭国伝)と言ったという。

「野蛮人が、失礼な書を送ってきた。聞く耳をもたぬ」ということなのだろう。

日本人は学校で教わるのだろうが、中国人はこの事実を習わない。だから普通の中国人は、聖徳太子の名前も知らない。聖徳太子の話を聞けば、自分たちの国を太陽がのぼる国とし、中国を太陽が沈む国とするなんて、漢字をもらっておきながら、なんて失礼な人だと多くの中国人は考えるだろう。

日本が中国の技術をコピーした

日本の奈良時代で、中国人がよく知っているのは阿倍仲麻呂《あべのなかまろ》だ。仲麻呂は遣唐使として中国に渡り、当時の玄宗《げんそう》、粛宗《しゆくそう》、代宗《だいそう》の三人の皇帝に仕えた。

中国では「望郷歌」と訳される「天の原ふりさけ見れば春日なる　三笠の山に出でし月かも」の歌が有名だ。この歌は、唐の都長安で、仲麻呂が奈良の都を偲《しの》んで歌ったものだ。結局、仲麻呂は日本に帰れず、五〇年以上、中国で暮らした。その間、中国の朝廷に仕え、李白《りはく》や王維《おうい》など中国の著名な詩人らと交際があった。李白の詩の中には彼の名前も出てくる。その詩が有名なので、中国人は仲麻呂のこともよく知っている。

昔の長安が今の西安だが、ここは、中国の観光名所になっており、今も、多くの中国人が、西安の仲麻呂の墓を訪れる。

最近話題になったのが、やはり遣唐使で長安に来ながら亡くなった日本人、井真成《いのまなり》の墓誌だ。この墓誌には、井真成の切々たる故郷への思いが刻まれている。

唐の時代は中国がもっとも盛えた時代だ。そういう時代に、多くの日本人が中国の文物を学ぶためにやってきて、命をなくしたこと、また平安時代に最澄《さいちょう》や空海《くうかい》が、仏教を学びに中国へ渡ったことも、かなりの中国人が知っている。鑑真《がんじん》和上も有名だ。阿倍仲麻呂は、帰国の際に鑑真を船に乗せ、日本へ連れていこうとしたが船が難破して、二人とも中国へ戻った。

鑑真は日本では律宗の開祖で、東大寺や唐招提寺に戒壇《かいだん》を設けた高僧として有名だが、日中友好を命をかけて実現した中国人として、中国でもよく知られている。

鑑真は中国から日本へ渡ろうとしたが、幾度も失敗した。それでも志を変えず、ついには盲目になりながらも日本に渡航して仏教の戒律を伝えた。中国人にとっては昔のヒーローだ。だから奈良の唐招提寺で、国宝の鑑真和上坐像が、年に一回開示されるのも知っている。

今、中国では日本製品のコピー（偽物）があふれ問題になっているが、平安時代から鎌倉時代にかけては逆の現象が起こった。中国製品のコピーが日本で氾濫したのである。

この時代、日宋貿易で、日本からは金や銀が中国に輸出され、かわりに中国からは、織物、陶磁器、書物、銅銭などが輸入された。

当時、中国の宋では白磁や青磁の陶芸文化が爛漫《らんまん》と花開いた。それらが日本へ渡り、まねされ、類似品が出回った。中国からすれば陶磁の技術が盗まれた。

雪舟《せっしゅう》といえば、日本では著名な水墨画の画家だ。しかし、中国人が、雪舟の水墨画を見れば「ああ、この人は中国の墨絵を学んだのだな」とたちどころにピンとくるはずだ。雪舟は一四六七年に、山口県から日明貿易船で中国に渡り、禅と画業の両方に研鑽《けんさん》を積んだ。中国の天童山景徳禅寺では「四明天童山第一座」という高い僧号を得ている。

このように古代から中世にかけて、日本人は多くの文化を中国から学んだのである。

中国は日本を一度も侵略していない？

「日本はたびたび中国を侵略したが、中国は一度も日本を侵略していない」と私が言うと、多くの日本人は「そんなことはない。元寇《げんこう》で、中国は日本を侵略した」と言い返してくる。そんなとき「それは間違っている。元は中国人の国ではありません」と私は答えることにしている。

日本人は、元も中国人の国だと、頭から思い込んでいる。

日本の対馬に行ったときのことだ。

土地の人が「孔健さん、昔、わが島はあなたの国から攻められたんです」と言う。

私はその場で反論した。

「とんでもありません。元の国は、われわれ中国人の敵です。どうか誤解しないでください。元はモンゴル人の国で、ジンギスカンの末裔《まつえい》です。中国人の国ではないのです」

元はもともとは中国の北方にいた騎馬民族がつくった国なのだ。中国とは、あくまでも漢民族の国を指す。漢民族はこれまで何度か、他の民族に国を奪われた。モンゴル族や満州族だ。満州族がつくった国が清なのである。

一三世紀に、華北に侵入したモンゴル族に、漢民族の南宋王朝が打倒されたが、その後国民的抵抗運動を経て、一四世紀に漢民族の朱元璋《しゅげんしょう》が元を倒し、明をつくったと中国の学校では教えている。したがって、今から約七〇〇年前、一二七四年と八一年に、日本へ攻めてきたのは、中国人の元ではなくて、モンゴル人の元なのである。

だから、中国は一度も日本を侵略していない。

この元寇は、日本人にとっては、大きなターニングポイントだったらしい。

そのままいけば、日本は強大な元に征服され、属国にされてしまうところだった。ところが神風が吹いて救われた。これ以来、日本には〝神の国〟意識が芽生えたのだそうだ。

中国にも風水があるので、台風がきて、元の船が沈み、罰がくだったというのはわからないでもない。しかし、それを発展させて「だから日本は神の国」とまで言うのは、やはり言い過ぎだろう。

中国人は元寇のことは、ほとんど知らない。しかし日本人が八百万《やおよろず》の神々を尊崇し、一部の日本人が「われわれは神の子の子孫だ」と主張しているのは知っている。

神風の話を聞けば、だから日本人は〝神がかり〟なのだと中国人は思ってしまうのだ。

日本の中国侵略は秀吉の時代にはじまる

近世に近づくにつれて、日中の歴史はきなくさくなる。

まず、一五九二年（文禄元）と一五九七年（慶長二）にはじまった豊臣秀吉の「朝鮮出兵」である。日本の歴史教科書には「文禄・慶長の役」と記され、朝鮮の教科書には「壬申《じんしん》・丁酉《ていゆう》倭乱」と書かれる。中国では「万暦《ばんれき》朝鮮の役」である。

秀吉は、この出兵の最終目標を明の征服に置いていた。だからこの戦争を「唐入《からい》り」といった。中国側でも、そうはさせじと軍を送り、朝鮮軍とともに日本軍と戦った。

結局、秀吉は朝鮮半島に攻め込んだが、そこで挫折《ざせつ》し、中国に攻め入ることはできなかった。しかし中国人は、秀吉の狙いが中国征服にあることをよく知っている。だから日本人の中国侵略は、秀吉の時代からスタートしたと理解している。

すなわち一九三七年からの中日戦争は、その三四五年前の秀吉からはじまっていると受け取っているのだ。だから秀吉は、韓国人同様、中国人にとっても大悪人である。

中国人にとっての清の時代の大ヒーローは、鄭成功《ていせいこう》である。

鄭成功は、父親は中国人、母親は日本人の混血で、長崎県平戸で生まれた。のちに「国姓爺《こくせんや》」と呼ばれ、日本でも歌舞伎や人形浄瑠璃《じょうるり》にも登場する漢民族の英雄である。

当時、台湾はオランダに占領されていたが、鄭はこれを攻撃、オランダ人から台湾を取り戻した。そして台湾を拠点として、三代にわたり一六八三年まで清朝に抵抗した。

だから中国では「救国の英雄」として讃えられており、最近でも、鄭成功がたどった足取りを体験するツアーが催《もよお》されたほどである。

ただし、中国人が一点気になるのは、鄭の母親が日本人だということだ。なにしろ今中国は「反日」のご時世だ。愛国ヒーローが日本人の血をひいていたのではよくないというわけで、母親は「田川」姓なのだが、最近の文献では田川姓のことが削除されている。

血族とか血に対して、中国人は、はなはだ敏感なのである。

る。

武士道は中国の儒教精神でつくられた

日本の水戸《みと》黄門《こうもん》さまの、唯一の先生であったといわれるのが、中国人朱舜水《しゅしゅんすい》である。

朱は明の儒学者であったが、明が清に滅ぼされると、日本の長崎に亡命した。やがて、水戸藩の徳川光圀《とくがわみつくに》に招かれ、江戸駒込に大きな屋敷を与えられ、光圀はじめ水戸藩士に、朱子学を教えた。水戸藩の下屋敷であった後楽園は彼の意見を取り入れつくられた。

光圀の朱に対する信頼は厚く、水戸学にも大きな影響を与えたといわれる。水戸学とは、光圀の『大日本史』の編纂《へんさん》事業のなかで「万世一系」の天皇家の研究から生まれた尊皇思想である。のちにこれが幕末の「尊皇討幕」を支えるイデオロギーとなって、志士を走らせ、江戸幕府を倒していくことになる。

そして明治維新政府が誕生する。明治国家は、さらに天皇崇拝イデオロギーを大きく掲げて、やがて中国で日清戦争を起こした。ということは、中国の朱子学が水戸学に影響を与え、その皇国精神が、中国を侵略していったということになる。なんとも皮肉である。

このように、一見、日本的に見えても、中国の影響を受けたものはたくさんある。たとえば、武士道である。これも純日本的と思われるが、儒教の影響が大きい。

武士道では「忠・義・礼・智・信」を尊ぶが、もともとは、儒教の「仁・義・礼・智・信」からきている。江戸時代は、平和であり、秩序が尊ばれ、忠義が強調されたためで、儒学者が「仁」のかわりに「忠」を入れたのだ。

武士道を表した有名な言葉に「二君にまみえず」というのがある。じつはこれも、中国の司馬遷の『史記』田単列伝の「忠臣は二君につかえず」という言葉からきている。

紀元前三世紀頃に斉の国に王蠋《おうしょく》という忠義の臣がいた。斉を狙っていたライバルの燕《えん》の国から王蠋のもとへ使者が向けられた。

「もしわが軍の味方となって斉を滅ぼしてくれるなら、一万戸の領地を与えよう」

しかし、王蠋は「忠臣は二君につかえず。貞女は二夫をあらためず」ときっぱりと断った。この話を江戸時代に儒者が、武士道の教えのなかに取り入れたのである。

しかし、日本の戦国時代の武士道はそうではなかったという話を聞いたことがある。

戦国時代は、生きるか死ぬかの実力主義の時代で、自分の働きをきちんと評価してくれない主君は、ただちに見限り、新たな主君を求めることができたという。

この時代には、二君どころか、七人も八人も主君を変えた猛者《もさ》もいたという。主君を自由に選べたのだ。

「二君につかえず」は、平和な秩序を重んじる時代にあって、儒学者がつくりあげた儒教的武士道を表す言葉なのである。

一度受けた屈辱は一〇〇〇年たっても忘れない

一八四〇年、アヘン戦争が勃発した。原因は麻薬のアヘンである。当時、イギリスはお茶を飲む風習が国民に普及し、どうしても大量の紅茶がほしかった。そこで中国紅茶に狙いをつけた。イギリス東インド会社は、インド産の綿花とアヘンを中国に輸出して、その代金で中国から茶を購入しようとした。その結果、大量のアヘンが中国に流入し、アヘン中毒者が激増した。そこで清朝はアヘンの禁止令を出し、イギリス商人からアヘンを没収。それで両国の戦争となった。当然、理は清朝側にある。しかし、近代化されたイギリス軍に清朝はみじめな敗北を喫し、開国させられたあげく、領土の一部を失い、不平等条約を押しつけられた。

これは中国にとっても大ショックであったが、鎖国を続けていた日本にも衝撃であった。

これまで尊敬してきた〝大先輩〟中国が、西欧列強にほしいままに侵略されたのである。「このままでは日本も危ない。異人に踏みにじられる」という危機意識が、幕末の日本にみなぎった。この意識が「尊皇攘夷《そんのうじょうい》」から「尊皇討幕」へと進んで、ついに江戸幕府が崩壊する明治維新となったのである。

維新の志士、高杉晋作《たかすぎしんさく》はのちに上海に行き、アヘン戦争のことを知り、日本もたいへんなことになると予感している。

要するに、中国の危機的事態が、日本を覚醒させ、明治維新と近代化へ進ませたのである。しかし、当時の中国は自国の問題で精一杯であり、隣の小国日本の近代化など知るよしもなかった。しかし日本は着々と政治や軍事の近代化を達成し、国力をつけていった。

「尊皇攘夷」とは「天皇を尊び、異人を撃つ」ということであり、この先駆けとなったのが吉田松陰《よしだしょういん》である。さらに松陰は早くから、近隣諸国への侵略を唱えていた。
彼が書いた著作には「取朝鮮　掠満州　圧中国　臨印度」の言葉が見える。
「朝鮮を取る。満州を掠奪する。中国に圧力をかける。インドに臨む」と彼は言う。
欧米列強に伍して、神州日本を守るには、秀吉のできなかったこと、すなわち近隣諸国を併合し、日本の国力を増強させるよう松陰は説いた。

こうして征韓論や征清論がまかり通るようになったのである。

一八九四年（明治二七）、日清戦争が起こった。中国では、これを甲午《こうご》戦争という。
結果は中国の大敗北であった。大砲の弾のかわりに紙や石ころが入っているなど軍と清王朝官僚の腐敗がひどかった。それに比べて、富国強兵の下、近代化に成功した日本軍は強かった。中国の北洋艦隊は目茶苦茶に打ち破られた。

結果、講和条約（下関条約）が結ばれ、中国は台湾、遼東半島などを失い、二億テール（約三億円）の賠償《ばいしょう》金を支払うことになった。

この屈辱は、今も中国人の心の傷になっている。

日本人は「そんな昔のことをよく覚えているな」と言うが、中国人は一度受けた屈辱を、一〇〇〇年たっても忘れない。

日清戦争は、はじめて日本からの侵略を受けた戦争であり、この恥辱は、何年かけてもそそがねばならないと中国人は今も考えている。

日本資本主義の父、渋沢栄一が中国で大人気

日本の資本主義の父は誰だか、ご存知だろうか？

明治の実業家、渋沢栄一《しぶさわえいいち》である。

渋沢は、日本のベンチャービジネスの創始者といってもいい。もともとは、現在の埼玉県深谷市の豪農の家に生まれたが、熱血漢で、勤皇運動に参加したり、幕臣になったりした。結局、明治維新の前年にヨーロッパに渡り、新たな経済知識を吸収し、帰国後は、大蔵省の役人となり、銀行などをつくった。退官後は、実業界に入り、第一国立銀行、王子製紙、東京ガスなど五〇〇以上の会社を設立した。その彼が書いた『論語と算盤《ソロバン》』という本が、今、中国で翻訳され、何十万部と売れている。

彼の信条は「右手に論語、左手にソロバン」である。

要するに、倫理道徳を基本にすえて金儲けをすべしという考えである。

「仁義道徳を実際に行なってみようではないか。商工業を営めば、あえて無理な争い

をしないでも、利益はおのずからふところに入ってくるものだ」

「商売はソロバン勘定だ。しかし人の道に反するようなソロバン勘定を行なってはならない。商売人は、人の道を説いた論語をよく読んで正しい運営を行なわなければならない」

道徳と利潤の追求は、なかなか一致しない。それを渋沢は一致させようとした。

「あたかもマホメットが片手に剣、片手に聖典コーランを掲げて世界に臨んだごとく、片手に論語、片手にソロバンをふるって今日に至った」と渋沢は語る。

ではなぜこの渋沢の本が、今の中国で売れるのか？

今の中国はすべてが金だ。

これを〝向銭看（拝金主義）〟という。金儲けのためならなんでもありだ。その反動として〝金儲け主義〟に批判が向けられている。そういう時世に「金儲けの道徳を考えよ」という渋沢の主張はぴったりだった。

彼の本から「儒商」という言葉が生まれた。

「儒」は論語、「商」はソロバン。すなわち道徳と金儲けを合致させている商人だ。

今の中国には、

「三流の経営者はものをつくる、二流の経営者はブランドをつくる、一流の経営者は儒商になる」

という言葉があるほどなのだ。

中国人は、日本資本主義の父からも学んでいるのである。

支配者日本の懐で学んだ魯迅や孫文

日清戦争が終わった翌年の一八九六年（明治二九）、中国から一三人の若者が、日本へやってきた。はじめての中国人留学生である。

一九〇三年に日本に来た、陳天華《ちんてんか》は、その理由をこう書いている。

「恥を忍《しの》んで、かつての敵国日本に学ぶのは、腕に力をつけ、祖国を救うためである。欧米は数百年かかって近代化をなし遂げたが、日本はそれを四〇年でなし遂げた。われわれは、それを、もっと短い時間でなし遂げよう」

日本への中国人留学生の数は、やがて一〇〇〇人を突破。日露戦争に日本が勝った一九〇五年（明治三八）には八〇〇〇人になった。急増したのである。

こうした中国人留学生の希望の星となったのが、日本を拠点に「清朝打倒・共和制樹立」を目指す革命運動を推進した孫文だ。

当時の清国は、人口六〇〇万足らずの満州族が政府高官と軍を独占して、四億人の漢民族を支配していた。

孫文は香港で医学を学んだが、清仏戦争に接し、祖国の危機を感じ「滅満興漢」（満州族を滅ぼし、漢民族を再興する）を掲げる革命家となった。

一八九五年に、広州で、満州人支配の清朝を倒すために蜂起《ほうき》。しかし失敗し、孫文は日本へ亡命した。この失意の孫文を支援したのが、中国革命の事情を調査していた日本人宮崎滔天《みやざきとうてん》であった。孫文は、滔天らの援助を得て、三〇〇人あまりの在日中国人を集めて東京で「中国同盟会」を結成。三民主義（民族主義・民権主義・民生主義）を掲げた孫文は、一九一一年に清朝を打倒する辛亥《しんがい》革命を成功させ、翌年に中華民国臨時政府の臨時大総統になった。その後、孫文は中国国民党を結成し総理となり、共産党勢力やソ連との提携路線を歩むが、最後まで日本との提携路線も捨てなかった。

「我々はまだ日本に絶望していない。なぜなら自分は日本を愛し、亡命時代に自分をかばってくれた日本人に感謝しているからである」という言葉を孫文は残している。

中国人作家魯迅《ろじん》も、日本へ来た留学生の一人であった。

魯迅は浙江省の地主で読書人の家に生まれたが、父が死亡したことから没落し苦労した。一九〇二年（明治三五）に日本に留学した。医師になるつもりで、仙台医学専門学校に通ったが、留学生仲間の影響を受け、清朝の圧政をくつがえす「精神界の戦士」を志し、文学者になることを決意した。帰国後は、辛亥革命後の新政府の教育部員になったりしたが、『狂人日記』や『阿Q正伝』など、中国社会の批評や現実を鋭くえぐり出す作品を発表した。やがて日本の侵略を批判し、中国の先進的、革命的文化人となっていった。また魯迅は、日本で孫文らとともに、新聞「民報」の発行にかかわったが、中国に帰ってからも新聞を発行し、日本で学んだ先進文化を故国にいかすことにつとめた。

このように多くの中国人留学生が、日本で学び、才能を育て、清朝打倒・共和制樹立に進み、やがて日本軍国主義そのものと向かい合うようになっていったのである。

和製中国語が中国を変えた

なぜ多くの中国人留学生は、アメリカではなく、日本に来たのだろうか？

考えられるのは、日本が距離的に近く、安い旅費で来れることだろう。経済的に豊かでない中国人にとって、これは何よりありがたい。また皮膚の色が同じであり、同文同種という気安さもあるだろう。文字も漢字だから理解しやすい。それに、なにより黄色人種どうしだから人種差別がないと中国人は思った。当時、多くの中国人移民がアメリカに渡ったが、有色人種への差別はひどかった。これに比べれば、日本は同じアジア人で、差別がないだろうと思ったのである（これは、のちに間違いであると判明するのだが）。

だがいちばん大きい理由は、日本がアジアで唯一、文明化に成功した国という点にある。日本の近代化を学べば、外国に植民地化された母国も、重い軛《くびき》から解放されるのではないかと夢みたのである。だから彼らは懸命になって、日本の最新知識や技術を学び、それを母国に持ち帰った。

近代用語がどんどん中国語に翻訳され、中国に流入した。「経済」「革命」「解放」「新聞」「歴史」「政府」など、すべて日本発の和製中国語である。

たとえばマルクスの『共産党宣言』も、ドイツ語から中国語に訳されたのではなく、日本語訳から中国語に訳されたものが最初なのである。つまり中国社会主義の基礎づくりを日本が手伝ったというわけなのである。

最近では「カラオケ」「人気」「写真」「大出血販売」などの言葉も中国に輸出されているが、明治から昭和初期にかけて、和製中国語が中国近代化に果たした役割ははかりしれないものがあったのである。

しかし日本は変わりはじめる。近代化に成功した力で、中国やアジア諸国を支配下に置こうと企《たくら》み、欧米列強や清王朝と手を組みはじめたのである。

「日本が革命勢力の巣窟《そうくつ》になっている。なんとかしてほしい」という清王朝の要請を受けて、日本の文部省は「他の学校で退学させられた清国人留学生で、性行不良の者はこれを受け入れてはならない」という清国留学生取締規則を作成した。革命運動など不穏《ふおん》な運動にかかわったものは、復学あるいは転校できないようにする規定である。

この規定は、中国人学生に〝日本の裏切り〟を感じさせ、多くの留学生が授業ボイコットに立ち上がった。前述した留学生陳天華は「しっかりと勉強して、祖国のために尽くせ」と遺言を残し、日本に抗議して入水《じゅすい》自殺を遂げた。

こうしてアジア解放の希望の星であった日本は、自国の利益を中心に動く巨大な軍事帝国となっていった。

そして日中戦争、太平洋戦争がはじまり、日本は破綻《はたん》への道をひた走ったのである。

中国と日本は切っても切れない仲

温故知新（故《ふる》きを温《たず》ねて新しきを知る）という『論語』の言葉がある。

今こそ、日中両国は交流の歴史から学ばねばならない。

歴史を反省しない者、学ばない者ほど、同じ過ちを繰り返す。これは愚か者の道だ。

日中交流の歴史から学べることはなにか？

第一に、中国と日本は、切っても切れない〝仲〟だということだ。

これまで見てきたように、両国間の交流がなければ、今の日本はないし、今の中国もなかった。文化の相互浸透により、現在がある。日本文化のなかに中国文化があり、中国文化のなかに日本文化がある。

だから、相手を一方的に非難するのは間違いだ。相身互《あいみたが》いなのだ。日本人と中国人は、互いに理解し合う、賢者にならなければならない。

第二に「過ぎたるはなお及ばざるがごとし」を学ぶことだ。

朝鮮を侵略した豊臣秀吉は、自分の力を過信した。天下統一をなし遂げ、日本国内には逆らう者がいなくなった。この力をもってすれば、中国までも自分の領土にできるという〝妄想〟にとらわれ、北京に都を置き、アジアに号令しようとした。

明治の日本も同様だ。日清戦争に続き、日露戦争にも勝利した。日本海海戦でロシアのバルチック艦隊を破り、自信をもった日本海軍は大艦巨砲主義に走り、あげくのはては戦艦大和の悲劇となった。

愛国心も同様だ。国を愛する心は貴《とうと》いが、行き過ぎれば、相手の国を罵倒《ばとう》して、戦争にもなる。大和魂《やまとだましい》や大中華意識も、ほどほどならよいが、行き過ぎは禁物だ。小泉《こいずみ》元首相の靖国参拝も、一度や二度はともかく、六度は行き過ぎだ。まさにケンカを売っているようなものだ。

こうした「自己過信」の対極にあるのが、孔子の「中庸《ちゅうよう》の精神」だ。

中庸とは「どちらにも片寄らないこと」「熱しすぎずあくまでも穏やかであること」

だ。

こじれた日中関係は、ぜひ中庸の精神で解決したい。

第三に相手の懐に飛び込むことの大切さである。

明治の元勲《げんくん》、伊藤博文《いとうひろぶみ》は、最初は視野の狭い尊皇攘夷派であったが、「敵」である欧米に行ったことにより、開眼した。学んだ新知識をいかし、開明派として、明治新政府の近代化を推進し、日本を欧米列強に伍する国にした。

「虎穴に入らずんば、虎子を得ず」のたとえもある。明治時代に、日本へ渡った中国人留学生がそれである。彼らについては、すでに述べたが、日本で学んだ知識や技術を役立て、清王朝を倒し、古い封建社会を批判し、そして軍国主義と化した日本と戦った。

まさに「敵を知り己を知れば百戦危うからず」ということを、歴史は証明しているのだ。

怨みではなく、徳をもって接する

「旧悪をおもわず、怨《うら》みここをもってまれなり」という『論語』の言葉がある。

古い悪事をいつまでも気にしない。そうすれば怨まれることも少ないということだ。

中国人は怨みを忘れない民族だ。いつまでも悪事を気にする。しかし、それが度を過ぎれば、よくない結果が待っている。

たしかに日本人は中国に戦争をしかけるという〝罪〟を犯した。しかし、それをいつまでもあげつらっていては、日本人の反発を買うだけだ。

ここは、怨みに直に反応するのではなく、徳をもって応えたい。

怨みに徳をもって接するのだ。

そのことを身をもって実践した二人の中国人を紹介しよう。

一人は、国民党の指導者だった蔣介石《しょうかいせき》である。蔣は中国の軍官学校を卒業後、一九〇七年に日本の陸軍士官学校に留学した。その後、辛亥革命に参加し、孫文の死後、国民党の指導者となった。一時は共産党と対立関係にあったが、抗日戦争時には「国共合作」を行ない、ともに終戦の八月一五日を迎えた。

この時、蔣は内陸部の重慶で日本軍を包囲していた。これ以上の無益な流血は避けたいと、蔣は降伏を呼びかけた。

「われわれは日本軍に、怨みではなく徳をもって接したい。日本軍の敗北は明らかである。これ以上の犠牲は無益である。一日も早く降伏してほしい」

有名な「以徳報怨」演説である。

政治的には、この演説は、八月八日に宣戦布告し、なだれのごとく中国領内に乱入したソ連軍との将来の対抗関係を視野に入れて、日本軍の投降を呼びかけたと考えられる。

この「以徳報怨」の精神は、戦後の日中国交回復を行なった周恩来《しゅうおんらい》に受け継がれた。

日中国交回復交渉では、賠償請求権が大きな問題となっていた。中国側は戦後の経済回復のためにも、この賠償金がほしい。しかし額が巨大であるがゆえに、日本側も簡単には、この要求を飲めない。事態は暗礁《あんしょう》に乗り上げた。

このままで行けば、協議は決裂。しかし時の総理周恩来は、日本側の代表、田中角栄首相にこう言った。

「われわれは甚大な被害を受けました。しかし賠償を請求すれば、日本の人民に大きな負担をかけます。これは中国人民の望むところではありません。日中一〇〇年の計を考え、賠償請求権を放棄します」

こうして日中国交回復は実現した。

周は「以徳報怨」の精神で事態を収拾したのである。

この精神を学びたい。互いに非難するのでなく、徳をもって応えたいものだ。

アジアの平和と繁栄のために

中国には「不打不成交《ブーダーブーチンジオ》（ケンカするほど仲良くなれる）」という言葉がある。

中国人は広い意味での騎馬民族である。

だから、知らない人間に出会うと、いっぺん、ケンカを売ってみる。

なぜならケンカをしないと、相手の本当の力がわからないからだ。

力勝負をしてみれば相手の実力がわかる。相手が強くて、とてもかなわないなら、いったんは矛《ほこ》を収めて服従する。といっても「面従腹背《めんじゅうふくはい》」で、相手と対等に戦えるまで、一時的に休戦して、力を蓄えるのである。

もちろん、こちらが勝てば、相手の実力がわかったので、安心して付き合う。

強そうに見えても弱い奴。弱そうに見えても強い奴。世の中には、いろんな人がいる。それをケンカで値踏みするのだ。

その点、日本人はナイーブだ。

ケンカをすると「こんな奴とは付き合えない」と絶縁状態になってしまう。しかしそれでは、問題は少しも解決しない。

外交も同様だ。

孔子の言葉に「君子は和して同ぜず、小人は同じて和せず」という言葉がある。

君子は自分の意見を保留しても仲よくすることを優先する。一方、心の小さい人は、賛成、賛成と安易に同調するが、これは本当に仲がよいということを意味しない。

「靖国問題があるから、何もできない」という主張を中国は延々と繰り返すべきではない。また日本も、アメリカのご機嫌をとるために「賛成、賛成、イラク派兵も賛成」のワンパターンを繰り返すべきではない。

中国と日本は、小さいところで違いがあってもいい。しかし、アジアの平和と繁栄のためには、小異を捨てて大同につくべきなのだ。

そしてなによりも、両国は「君子国家」になってほしい。

君子とは、才と徳の優れた人のことをいう。才能だけでは駄目だ、徳も持っていなければならない。君子は「九思」ができる。

九思とは九つの思考である。

「見るときは真実を見通し、聞くときは相手の言い分を十分に聞き、顔つきはあくまで穏やかで、姿は気品に満ち、言葉には誠実で、ものごとはていねいに行ない、疑わしいことは問いただし、ケンカをしたときは収拾策を考え、損得勘定では徳の優れたほうを選ぶ」という考え方である。

総理大臣には、ぜひ九思ができ、徳を持つ人になってもらいたい。

そして日中両国が、ともに君子国家として歩めることを願っている。

本書は二〇〇六年七月、小社より刊行されました。

孔 健―1958年、中国・青島市に生まれる。本名、孔祥林。孔子の第75代直系子孫。山東大学日本語学科卒業。1985年、中国画報社駐日総代表として来日。ジャーナリストとして活躍し、現在、チャイニーズドラゴン新聞編集主幹。SBI大学院大学教授。日中交流に幅広く尽力している。
著書には『日本人の発想　中国人の発想』(PHP文庫)、『孔子家の家訓』(孔祥林として出版、文藝春秋)、『中国だけが知っている金正日の真実』(幻冬舎)、『日本人は永遠に中国人を理解できない』『交渉術 日本人vs中国人、最後に笑うのはどっちか』(以上、講談社+α文庫) などがある。

講談社+α文庫　なぜ中国人《ちゅうごくじん》は日本人《にほんじん》にケンカを売《う》るのか

孔《こう》　健《けん》

2008年2月20日第1刷発行
2012年11月19日第6刷発行

発行者――――鈴木 哲
発行所――――株式会社 講談社
東京都文京区音羽2-12-21 〒112-8001
電話 出版部(03)5395-3529
販売部(03)5395-5817
業務部(03)5395-3615

装画――――浅賀行雄
デザイン――――鈴木成一デザイン室
編集協力――――小松哲史
カバー印刷――――凸版印刷株式会社
印刷――――慶昌堂印刷株式会社
製本――――株式会社千曲堂

落丁本・乱丁本は購入書店名を明記のうえ、小社業務部あてにお送りください。
送料は小社負担にてお取り替えします。
なお、この本の内容についてのお問い合わせは
生活文化第二出版部あてにお願いいたします。
Printed in Japan ISBN978-4-06-281181-1
定価はカバーに表示してあります。

*最強の早稲田ラグビー 世界を狙う「荒ぶる」魂
清宮克幸
外国チームをことごとく撃破するシステムを完成!! 日本ラグビーの可能性と伝統の力!!
743円 G 107-1

究極の勝利 ULTIMATE CRUSH 最強の組織とリーダーシップ論
清宮克幸
早稲田ラグビー、5年間の大改革の集大成!! 「組織論」「コーチング論」はビジネスマン必読
724円 G 107-2

戦後最大の宰相 田中角栄㊤ ロッキード裁判は無罪だった
田原総一朗
ロッキード事件の真相に迫る! 著者二十八年間にわたる田中角栄追求の総決算、上巻!!
743円 G 109-1

戦後最大の宰相 田中角栄㊦ 日本の政治をつくった
田原総一朗
田中角栄の呪縛《じゅばく》から逃れなければ日本の政治に未来はない。三十年政争史、迫力の下巻!!
686円 G 109-2

*ハリウッドの懲りない面々 セレブたちの仰天私生活
マックス桐島
登場する超有名セレブ二百人超!! 撮影現場や超豪邸で目撃した桁外《けたはず》れの金《かね》とセックス!!
838円 G 112-1

だれも書かなかった「部落」
寺園敦史
タブーにメス!! 京都市をめぐる同和利権の〝闇と病《や》み〟を情報公開で追う深層レポート
743円 G 114-1

「同和」中毒都市
寺園敦史
追及!! 京都に続発する同和事件!! 部落解放運動の暴走と京都行政の迷走を徹底検証!
743円 G 114-2

愛国心
田原総一朗 西部邁 姜尚中
メディアでも焦点の靖国問題、反日運動等を大幅加筆! ベストセラー待望の文庫化!!
838円 G 118-1

反ナショナリズム
姜尚中
帝国の妄想と反日運動に、台頭する日本のナショナリズムを読み解く! 待望の文庫化!!
838円 G 118-2

闇将軍 野中広務と小沢一郎の正体
松田賢弥
強権、利権、変節! 日本を手玉に取ってきた男たちの、力の源泉と〝裸〟の実像を暴く!!
838円 G 119-1

*印は書き下ろし・オリジナル作品

表示価格はすべて本体価格(税別)です。本体価格は変更することがあります

情と理 下 カミソリ後藤田回顧録	後藤田正晴 御厨貴 監修	"政界のご意見番"が自ら明かした激動の戦後秘史！ 下巻は田中派の栄枯盛衰とその後	838円	G 137-2
仕事の品格	山﨑武也	その仕事に"品格"はあるか？ 下品は無能の代名詞。その他大勢から脱却し成功を摑《つか》め	648円	G 138-1
一流の人の説得する技術	山﨑武也	強引さやしつこさは野暮。相手を自らその気にさせる上級の技を伝授。説得の達人になる！	648円	G 138-2
さわかみ流 図解 長期投資学 最後に勝つ、財産づくりの仕組み	澤上篤人	株価の「目先の上げ下げ」に右往左往する必要はない。「気楽にゆっくり」こそ儲けのコツ！	686円	G 139-1
高橋尚子 勝利への疾走	黒井克行	アテネ落選の挫折から復活、北京を目指すQちゃんの原点——シドニー五輪の死闘に迫る!!	762円	G 140-1
成功者の告白 5年間の起業ノウハウを3時間で学べる物語《ストーリー》	神田昌典	カリスマコンサルタントのエッセンスを凝縮 R25編集長絶賛のベストセラー待望の文庫化	781円	G 141-1
人生の旋律	神田昌典	老賢人は若き成功者に何を教えたのか？ 富と名声を手にした伝説の実業家の知恵と勇気	762円	G 141-2
黄金の相場学	若林栄四	何を買うべきか、売るべきか。為替、株、国債。今後のマーケット動向をピンポイント予測！	590円	G 142-1
昭和天皇の「極秘指令」	平野貞夫	ロッキード国会を動かした天皇のご意志とは。戦後最大の禁忌、天皇は政治に介入したか!?	743円	G 143-1
虚像に囚われた政治家 小沢一郎の真実	平野貞夫	次の10年を決める男の実像は梟雄《きょうゆう》か英雄か？ 側近中の側近が初めて語る「豪腕」の真実!!	838円	G 143-2

＊印は書き下ろし・オリジナル作品

表示価格はすべて本体価格（税別）です。本体価格は変更することがあります

投機学入門 不滅の相場常勝哲学
山崎和邦
投機の本質を紐《ひも》解くことで投資と投機の違いを明確にし、相場で儲けられる法則を伝授！
743円 G 144-1

マンガ ウォーレン・バフェット 世界一おもしろい投資家の、世界一儲かる成功のルール
森生文乃
4兆円を寄付した偉人！ ビル・ゲイツと世界長者番付の首位を争う大富豪の投資哲学!!
648円 G 145-1

マンガ ジム・ロジャーズ 冒険投資家に学ぶ世界経済の見方
森生文乃
10年間で4200%のリターンをたたき出した男。人生を楽しむ天才に学ぶ、成功する投資
648円 G 145-2

運に選ばれる人 選ばれない人
桜井章一
20年間無敗の雀鬼《じゃんき》が明かす「運とツキ」の秘密と法則。仕事や人生に通じるヒント満載！
648円 G 146-1

魔境アジアお宝探索記 骨董ハンター命がけの買い付け旅
島津法樹
会社をやめて宝探しの旅へ。息詰まる駆け引きの果てに摑《つか》んだ名品と「夢のある生き方」
724円 G 147-1

鉄道ダイヤに学ぶタイム・マネジメント
野村正樹
待たせない、遅れない、誤差がない。考え抜かれた鉄道システムにはビジネスヒント満載！
648円 G 148-1

東京都副知事ノート 首都の長の権力と責務
青山佾
都庁中枢の舞台裏をもっともよく知る著者が、東京トップの意思決定現場を徹底レポート！
686円 G 150-1

闇の金融犯罪 ある日、あなたのお金が消えている
鈴木雅光
なぜ人は類似の金融詐欺にひっかかるのか。'90年代の著名事件からその驚愕《きょうがく》の手口を知る
686円 G 152-1

「視聴率の怪物」プロデューサーの **現場発想力**
王東順
品川裕香／構成
ヒット番組制作の裏エピソードから、発想→立案→交渉→実行のテクニックを学ぶ！
686円 G 153-1

お金がみるみる貯まる「家計そうじ術」入門
深野康彦
流行のFXも投資信託もやってはいけない!? 完全独立系FPのちょっと過激な資産運用論
648円 G 154-1

＊印は書き下ろし・オリジナル作品

表示価格はすべて本体価格(税別)です。本体価格は変更することがあります

日本競馬 闇の戦後史
渡辺敬一郎
喰い尽くされる競馬界。繁栄の裏側で隠蔽されてきた怪事件の真実を第一人者が明かす！
743円 G 167-1

新説 母《はは》馬《うま》血統学 進化の遺伝子の神秘
吉沢譲治
競走馬の能力を決定づける大きな材料となる「血統の常識」を根底から覆す画期的新理論！
743円 G 168-1

＊**「雪見だいふく」はなぜ大ヒットしたのか** 77の「特許」発想法
重田暁彦
花王バブ、なとりの珍味からカードの生体認証システムまで、「知的財産」ビジネス最前線
600円 G 169-1

日本力 アジアを引っぱる経済・欧米が憧れる文化！
伊藤洋一
文化でも世界を魅了。次の30年は日本の時代。海外から「クールな国」と呼ばれる理由とは!?
762円 G 170-1

40歳からの肉体改造ストレッチ ゴルフ上達から膝の痛み解消まで
石渡俊彦
身体が柔軟で強くなれば、痛み改善、ゴルフの飛距離もアップする。肉体は必ず若返る！
600円 G 171-1

「極道《ワル》」のサラリーマン交渉術
向谷匡史
相手の心理を読み、時には裏切り脅しタフな交渉術で有利に運ぶ！ 勝てるビジネス戦法！
648円 G 172-1

カブドットコム流 勝ち残り法則80カ条
齋藤正勝
ライバルに差をつけ、上層部から評価されるために必要な「成功するための法則」を伝授！
648円 G 173-1

就職がこわい
香山リカ
「就職」から逃げ続ける若者たち。そこに潜《ひそ》む〝本当の原因〟に精神科医がメスを入れる！
590円 G 174-1

＊印は書き下ろし・オリジナル作品

表示価格はすべて本体価格（税別）です。本体価格は変更することがあります